MATTHIAS DEBUREAUX

Le coup de la tranche de jambon

Une anthologie du canular

ALLARY ÉDITIONS
5, RUE D'HAUTEVILLE, PARIS Xe

AVERTISSEMENT

Provocation à la crédulité, à la bienséance ou aux bonnes mœurs, l'art du canular flirte constamment avec les limites, au risque de parfois les dépasser. Ce livre n'a qu'une vocation de divertissement et d'édification quelque peu marginale. L'auteur et l'éditeur déclinent toute responsabilité en cas d'usage abusif ou déviant des farces exposées ci-après.

INTRODUCTION

Qui se souvient de l'Anglais Theodore Hook, de l'Américain Alan Abel ou du Français Marcel Celmas ? Artistes du canular, auteurs des grands classiques du genre, certains opérèrent en série, d'autres ne furent les créateurs que d'un unique coup d'éclat. Leurs faits d'armes ne leur permirent pourtant pas de graver leur nom dans le marbre de la renommée. Et si certaines célébrités se sont adonnées à ce diabolique passe-temps, ce n'est pas pour leurs facétieux écarts de conduite que l'on connaît Alfred Hitchcock ou Virginia Woolf. En rassemblant quelques-uns des meilleurs opus des deux derniers siècles, ce livre contribuera peut-être à redonner ses lettres de noblesse au canular et à sortir de l'oubli les génies du genre.

Au début du xxe siècle, le terme de canular désignait les joyeuses brimades infligées par les anciens de l'École normale supérieure aux nouveaux venus. Une forme de bizutage dont le nom s'inspira d'un instrument de chirurgie : la canule, ce petit objet tubulaire destiné à l'injection de liquides dans le corps humain à travers un orifice naturel ou une incision. Il n'annonce de fait rien de plaisant. Pour baptiser leurs douteuses intronisations, les normaliens forgèrent, en pseudo-latin de cuisine, le mot « canularium » qui resta finalement dans le langage courant sous sa forme abrégée. Les Anglo-Saxons ont, pour qualifier ces distrayantes exactions – tradition également tenace chez les étudiants d'Oxford, Cambridge ou Harvard –, un mot à l'évocation non moins funeste, aux consonances de quinte de toux : *hoax*. Il dériverait de l'ancestrale incantation magique « hocus-pocus », une déformation de la parole du Christ « *hoc est corpus meum* » (« ceci est mon corps »). Tout un programme pour les victimes expiatoires de nos mauvais plaisants !

Le premier canular médiatique, connu et reconnu comme tel, fut créé en Grande-Bretagne, au début de xviiie siècle, par l'écrivain satiriste irlandais Jonathan Swift, célèbre auteur des *Voyages de Gulliver* (1726). Il publia, sous le mystérieux pseudonyme d'Isaac Bickerstaff, une brochure de prédictions listant les personnes célèbres appelées à décéder l'année suivante et comptant le nom du fameux astrologue anglais de l'époque, John Partridge. L'énorme retentissement de cette supercherie ruinera la carrière de Partridge qui ne parvint jamais à faire admettre au grand public qu'il était vivant et se portait comme un charme.

Étrangement, le canular peut-être le plus connu du XXe siècle n'en était pas un en réalité. Diffusée le 30 octobre 1938 sur le réseau américain CBS, l'adaptation à la radio du roman de H. G. Wells *La Guerre des mondes* dirigée par Orson Welles n'avait vocation ni à tromper le public ni à faire rire. Ce drame radiophonique rapportant une fictive invasion extraterrestre n'a, au contraire de ce qui fut prétendu et bien souvent retenu, déclenché aucun vent de panique. Cette rumeur a été lancée par la presse inquiète du pouvoir grandissant de la radio. Elle inventa des scènes d'affolement épouvantable pour discréditer le nouveau média. L'épisode assura malgré lui une immense renommée à Orson Welles. Une décennie plus tard, la version équatorienne de l'émission tourna malheureusement bien à la tragédie. En février 1949, le récit sur Radio Quito de l'atterrissage de soucoupes volantes martiennes sur le pays déclencha cette fois une véritable panique dans la capitale. Au dévoilement de la supercherie, furieux d'avoir été bernés, des centaines d'Équatoriens attaquèrent les locaux de la station radio, provoquant une quinzaine de morts dans un incendie.

En sus de l'absence de conclusion tragique, nous nous sommes fixé comme critère de sélection au sein de cette anthologie son absence de visée lucrative. Les artisans minutieux qui œuvrèrent au vicieux petit vertige éphémère ne doivent en avoir rien retiré d'autre que leur satisfaction personnelle. L'entreprise mystificatrice a cependant un coût, social et amical – les auteurs de canulars ont malheureusement tendance à transformer leurs amis ou collègues en cobayes –, mais aussi pécuniaire. Horace de Vere Cole, un aristocrate anglais passé par Cambrigde, a ainsi dilapidé son héritage pour la douce volupté d'humilier les gens de pouvoir. Dans un registre plus badin, l'Américain Alan Abel s'est joué toute sa vie de la naïveté du pouvoir médiatique sous un mode résolument burlesque. Ce grand maître du canular fut le créateur de la farce la plus longue de l'Histoire. Durant six ans, ce *hoaxer* parvint à faire croire aux grands médias américains qu'il dirigeait un mouvement de lutte contre l'indécence animale, enjoignant de couvrir la nudité des chats, chiens ou vaches. Ses mystifications obéissaient à des mises en scène complexes, organisées à ses frais. On lui a souvent demandé pourquoi il n'avait pas choisi d'écrire des sketchs pour la télévision, infiniment plus rémunérateurs. Il répondait que la meilleure séquence télévisuelle n'avait pas la pérennité des canulars, dont l'esprit railleur traverse le temps. L'humour, on le sait, est une denrée périssable. Et le potentiel comique d'un bon sketch dépasse rarement une saison de pêches plates.

Alors, à quoi tient le parfum éternel des farces ici retenues ? Leur toute-puissance malicieuse procède d'une poétique de l'effroi mêlée d'une réjouissante fantaisie. Elle suspend le temps, vitrifie le décor de la comédie sociale. C'est un geste gratuit, subversif et poétique qui, par un coup d'éclat, dynamite les codes de la bienséance sur la scène d'un théâtre total où chacun est acteur, parfois bien malgré lui. Telles sont la haute valeur purificatrice du canular et la source du plaisir, parfois coupable, qu'il nous procure. Il est temps de partager cette volupté.

Theodore Hook (1788-1841)

Ancien étudiant d'Oxford, ce jeune playboy et poète s'était fait une réputation dans les soirées de la haute société en improvisant au piano des chansons rimées louant ou ridiculisant les invités de marque. Le prince régent — futur roi George IV —, qui appréciait les talents de portraitiste de Theodore Hook, le nomma comptable général et trésorier de la colonie britannique de l'île Maurice, poste accompagné d'une rente confortable. Bien mal lui en a pris. Quelques années après que Hook a pris ses fonctions, on découvrit un déficit de plusieurs milliers de livres dans les comptes du Trésor. Révoqué et rentré à Londres pour faire face à ses accusateurs, il écrivit pour la presse, puis lança un journal où il publia des satires pleines d'esprit contre la reine Caroline, épouse de George IV. Face à son peu d'entrain à rembourser ses dettes envers l'État, le plaisant railleur est arrêté et condamné. Il met à profit ces deux années de rétention pour se lancer dans l'écriture de romans dans lesquels il ne manque pas de brosser des portraits mordants de ses amis. Ses railleries ne visaient pas que ses proches, c'est ainsi qu'on lui doit l'envoi de la première carte postale, en 1840. Souhaitant se moquer du service postal anglais, il s'était envoyé à lui-même une carte présentant une gravure qui caricaturait le travail des employés de la poste. L'année suivante, après une existence pleine d'esprit, de plaisir et de dettes, Theodore Hook s'éteignit prématurément à l'âge 53 ans.

L'ADRESSE LA PLUS COURUE DE LONDRES

Un après-midi, Theodore Hook, alors âgé de 22 ans, se promène dans les beaux quartiers de Londres en compagnie d'un ami, le futur architecte Samuel Beazley. Il s'arrête devant une maison particulièrement soignée, la contemple et déclare :

– Je te parie une guinée qu'en six semaines je peux faire de cette modeste et jolie demeure l'adresse la plus courue de Londres.

Le coquet foyer désigné au hasard par le jeune homme, au 54 Berners Street, abrite une certaine Mme Tottingham (et non Tottenham comme l'erreur est souvent reproduite). Cette veuve discrète d'un colonel de la compagnie des

Indes, dont les voisins sont des évêques et dignes descendants de grandes familles aristocratiques, n'a encore jamais fait parler d'elle.

Le lendemain, Theodore Hook réunit quelques amies comédiennes et ensemble ils épluchent avec minutie les annuaires professionnels afin de passer commande de tous les biens et services dont regorge la ville la plus riche du monde en cette florissante période de révolution industrielle. Au cours des six semaines suivantes, dans un climat d'euphorie et d'hilarité constante, les jeunes gens écrivent des centaines de lettres – on évoquera même le chiffre de quatre mille missives ! – truffées d'instructions spécifiques à un nombre exceptionnel de fournisseurs londoniens, au profit de la veuve de la rue Berners. Le jour des livraisons est établi pour le 27 novembre 1810. Pour se tenir aux premières loges, le farceur et ses complices louent un appartement avec vue plongeante sur la façade de Mrs Tottingham. Bien sûr, l'ami Beazley est chaleureusement convié à assister au spectacle.

Le fatidique matin d'automne arrive. La comédie débute par l'entrée en scène d'un ramoneur qui réveille toute la maisonnée à cinq heures en frappant à la porte du numéro 54. Il se voit éconduit sans cérémonie par la femme de chambre. Mais le défilé ne fait que commencer : barbiers, coiffeurs munis de perruques, un fabricant de corsets et deux opticiens lourdement chargés de tout leur matériel se succèdent et se croisent perplexes, déconfits ou fâchés alors que la patience de la pauvre femme de chambre se voit mise à rude épreuve.

Un peu plus tard, c'est une longue file de pâtissiers chargés de gâteaux de mariage qui provoque les protestations de la servante. Puis quatre lourds wagonnets de charbon provenant des quais de la ville encombrent l'artère en attendant d'être réceptionnés et déchargés. La rue est définitivement bloquée dans un capharnaüm prodigieux quand une douzaine de charrettes à chevaux transportant du linge, des pianos, des tapisseries, des pommes de terre et des barriques de vin luttent pour effectuer leur livraison au même point de destination. La cohue, alors, est totale, insultes et menaces volant de cocher en cocher au-dessus de la mêlée.

On bascule dans le chaos quand, se frayant difficilement un chemin à travers une foule compacte de badauds intrigués et hilares, une armada de bouchers apparaît en brandissant des gigots de mouton. À midi, les poissonniers se joignent à la bousculade, les bras chargés de cabillauds et langoustes. Ponctuant les affluences des grandes corporations, on voit converger vers ce nouveau cœur battant de Londres arracheurs de dents, portraitistes munis de leur chevalet, apothicaires, avocats, prédicateurs, vendeurs de volailles et chirurgiens avec leurs outils d'amputation.

Point d'orgue de la mise en scène élaborée de Theodore Hook, celui-ci a réussi à attirer de hauts dignitaires de la cité. C'est ainsi que le gouverneur de la Banque d'Angleterre et le président de la Compagnie des Indes orientales rejoignent ce Pandémonium du consumérisme bourgeois. On leur avait promis rien moins que des révélations fracassantes sur un système de fraude au sein de leur organisation. Un nouveau sommet fut atteint, pour le plus grand plaisir jubilatoire du farceur, lorsqu'arrive le Lord Maire de Londres en bicorne, perruque et bas de soie à bord de sa calèche officielle, convoqué pour des « raisons pieuses, patriotiques ou personnelles ». Son passage est de courte durée : effrayé par la confusion sans précédent qui règne, il se rend au bureau de police le plus proche pour donner ses directives et ramener l'ordre dans le quartier quasi paralysé. Quand les renforts de police débarquèrent sur les lieux, ils découvrirent six hommes transportant un lourd orgue de chambre, puis le silence se fit sans même leur intervention à l'arrivée des croque-morts portant un cercueil.

Il fait déjà nuit quand la foule commence enfin à se disperser. La rue Berners prend alors des allures de champ de bataille napoléonien : chevaux blessés, commerçants rageurs, garçons de courses hébétés… Quelques curieux se partagent des tartelettes aux cranberries abandonnées sur une charrette à chien après le passage de l'ouragan.

Theodore Hook reçoit fièrement son prix d'une guinée pour son stratagème, mais les autorités le soupçonnent. Il doit quitter Londres et se « mettre au vert » le temps qu'on l'oublie. Toute la presse relate avec force détails l'incroyable épisode de la rue Berners considéré comme l'un des événements notables de la vie londonienne pour l'année 1810. Et suprême honneur, des allusions satiriques à l'adresse frappée de déshonneur vont fleurir dans les représentations théâtrales l'année suivante, l'exposant à la risée du public.

Après cette éprouvante journée, Mary Teresa Tottingham résida à nouveau paisiblement au 54 Berners Street jusqu'à son dernier souffle. Non sans une légère appréhension à chaque fois qu'on frappait à sa porte.

Alphonse Allais (1854-1905)

Né à Honfleur, deux heures avant Rimbaud, l'écrivain normand Alphonse Allais est l'auteur de centaines de contes humoristiques publiés dans la presse, puis en recueils. L'œuvre acide de ce pionnier de l'humour absurde suscita l'admiration posthume de personnalités telles qu'André Breton, Marcel Duchamp ou encore Umberto Eco. Alphonse Allais fut aussi à l'origine de recherches scientifiques poussées sur la photographie couleur, la synthèse du caoutchouc et le café soluble dont il déposa le brevet de fabrication en 1881. Mais c'est en tant qu'artisan d'un nombre incalculable de plaisanteries qu'il a gagné sa place dans ces pages. Des livres entiers sont consacrés à son art. Ses canulars, manquant parfois de délicatesse, maltraitaient bonnes sœurs, aubergistes et voisins avec, souvent, pour marque de fabrique l'usurpation d'identité.

À ses débuts dans sa ville natale, le jeune et sarcastique « Alphi » se plaisait à terroriser une vieille fille nommée Séraphine. Ayant eu vent de son histoire d'amour platonique passée avec un bourgeois disparu, il arrivait certaines nuits au plaisantin de se dissimuler sous ses fenêtres et d'appeler d'une voix lugubre et fantomatique : « Séraphine… Je suis Pelletier de Manivial… Je suis là et je t'aime encore ! » La pauvre femme en tremblait des jours entiers. Avec l'expérience, ses usurpations se firent plus osées, risquées aussi. À Paris, il lui arrivait de provoquer en duel des inconnus puis de leur jeter une carte de visite au nom d'une tierce personne, comme celle de l'écrivain et critique d'art Paul Adam. Ce dernier était toujours surpris de recevoir la visite de témoins venus lui demander le choix des armes. Car, idiosyncrasie de ce prince du canular, Alphonse Allais aimait à répéter ses impostures jusqu'à l'acharnement, la victime devenant souffre-douleur pour parfois plus d'une décennie.

LES FAUSSES CITATIONS

Alphonse Allais se plaisait à signer fréquemment des articles sous le nom d'autres auteurs ou critiques littéraire réputés. Parmi ses têtes de Turc récurrentes, on compte Paul Leroy-Beaulieu (1843-1916), collaborateur de *La Revue des Deux Mondes*, professeur au Collège de France considéré comme l'économiste le plus compétent de son temps. Cette figure austère à grande barbe était notamment l'auteur de *L'Art de placer et gérer sa fortune* et de précis d'économie politique et d'analyse financière traduits jusqu'au Japon. Mais si Alphonse Allais prenait tant plaisir à le tourner en ridicule, c'était pour ses positions politiques. Leroy-Beaulieu était en effet un partisan véhément de la colonisation et propageait des idées xénophobes à l'encontre des travailleurs immigrés italiens.

Aussi, lorsque Alphonse Allais avait besoin, dans un de ses articles, de l'appui argumentatif d'une sommité en matière d'affaires économiques, il se référait au pontifiant Leroy-Beaulieu. Mais sous la plume du farceur, l'éminent professeur se voyait attribuer des poncifs, clichés, citations idiotes et constats d'évidence d'une platitude telle qu'ils ne pouvaient que le faire passer pour un parfait imbécile. Ces falsifications ont été soigneusement répertoriées par Jean-Pierre Delaune, ex-chancelier de l'académie Alphonse-Allais. On peut ainsi découvrir parmi les absurdités indûment attribuées à l'économiste dans des journaux à fort tirage, des citations telles que :

> « L'économiste Paul Leroy-Beaulieu, consulté à ce sujet, écrivit un volumineux rapport dont la

conclusion, bien personnelle, était la suivante : “la baisse dans les recettes des compagnies des chemins de fer doit correspondre à une diminution dans le nombre de voyageurs ou de marchandises transportées”.»

«J’ai beaucoup réfléchi, pas mal balancé, hésité comme pas un avant d’écrire ce que voici, mais, fort du principe si magistralement formulé par le scintillant économiste Paul Leroy-Beaulieu : “Tout individu qui transforme un déchet en objet utile doit être considéré comme un bienfaiteur de l’humanité.”»

«Ce qu’il y a d’agréable dans les voyages, dit quelque part Paul Leroy-Baulieu, c’est qu’ils permettent de contempler successivement des pays et des gens divers, et de juger les différences qui les séparent les uns des autres.»

«Paul Leroy-Beaulieu, un garçon remarquablement intelligent, est d’avis qu’on mette un gros impôt sur les produits agricoles étrangers. Les campagnards français pourraient alors augmenter leurs prix de vente et, d’après le savant économiste, leurs bénéfices s’accroîtraient d’autant. Le pain à vingt sous la livre, voilà l’idéal de P. L.-B. !»

«Et comme elle est vraie, cette forte parole de Paul Leroy-Beaulieu, que “les petits ruisseaux, à la fin de l’année, font les grandes rivières”!»

> « Les sucres français, a dit fort justement M. Paul Leroy-Beaulieu, manquent de débouchés. Créons-leur-z-en. *(sic)* »

> « Le progrès d'aujourd'hui, me disait-il éloquemment, est le désordre de demain ! »

Loin de se lasser de la farce, Alphonse Allais apporta quelques variations au comique de répétition en faisant de son persécuté favori l'auteur d'œuvres imaginaires :

> « La Manille à deux est un jeu assez difficile. Le développement de sa théorie nous entraînerait à trois colonnes, au bas mot, d'explications. Nous préférons renvoyer le lecteur à l'excellent traité écrit, sur ce sujet, en collaboration, par deux spécialistes connus, MM. Anatole et Paul Leroy-Beaulieu. »

> « Dans une plaquette aujourd'hui rarissime, ou peu s'en faut, œuvre de jeunesse de M. Paul Leroy-Beaulieu : *Six semaines en Extrême-Occident*, je me souviens d'avoir lu cette phrase, qui bien souvent, au cours de ma vie tourmentée, me revint à l'esprit : "Chaque peuple a ses usages." »

Ou encore en inventant des brouilles imaginaires avec lui. À ses provocations incessantes, l'économiste resta toujours indifférent et ne daigna jamais apporter ni réponse ni démenti au torrent de banalités imputé à sa personne. De guerre lasse peut-être, Alphonse Allais finit un jour par publier sa confession dans une simple note de bas de page au sein d'un énième article :

> « Dire que voilà un homme que je blague depuis quinze ans, et que je n'ai jamais vu, et dont je n'ai jamais lu la plus pâle ligne. »

Horace de Vere Cole (1881-1936)

Né d'une mère aristocrate anglaise et d'un officier héroïque de l'armée des Indes décédé du choléra alors qu'il n'était encore qu'un enfant, Horace de Vere Cole marcha tout d'abord dans les pas de son père et, élevé au grade de capitaine durant la seconde guerre des Boers de 1900 (aussi appelée guerre d'Afrique du Sud), fut blessé par une balle dum-dum qui lui valut une pension d'invalidité. À son retour en Angleterre, il entra à l'université de Cambridge où il sympathisa avec Adrian Stephen, le frère de la future écrivaine Virginia Woolf. Avec ce complice, il gagna le surnom de « Prince des amuseurs » pour ses machinations élaborées. Ainsi, alors que le sultan de Zanzibar était en visite officielle à Londres, Horace parvint à se faire passer pour son oncle auprès des pontes de l'université qui organisèrent une cérémonie en son honneur. Il esquissa là la première ébauche de ce qui deviendrait bientôt le fabuleux canular du Dreadnought qui allait défrayer la chronique et que nous vous conterons plus loin. Entre autres faits d'armes, Horace est l'inventeur du coup de la ficelle. Mimant un géomètre qui

prend des mesures sur le trottoir, il demandait poliment à un passant — de la plus haute dignité anglaise, arborant chapeau melon et canne parapluie — de bien vouloir lui tenir l'extrémité d'un fil. Il dévidait alors le rouleau de ficelle à reculons jusqu'à disparaître au coin de la rue. Il confiait alors l'autre extrémité à un second gentleman serviable, d'apparence tout aussi respectable que le premier. Puis il s'éloignait à bonne distance pour observer les deux victimes. Après une longue attente, variable selon leur bonne volonté, les deux hommes finissaient par se rejoindre et, certains jours de chance pour le farceur, par s'injurier !
Plus excessif, l'effronté osa ordonner à un véritable policier de réguler la circulation pendant que lui-même dirigeait une équipe de faux ouvriers, joués par ses amis déguisés, pour creuser une tranchée au milieu de Picadilly Street. Il lui arrivait aussi de se promener dans les rues doté d'un pis de vache dépassant de la braguette ouverte de son pantalon ; une fois qu'il jugeait opportun de provoquer un degré supérieur d'indignation, il s'arrêtait et, ostensiblement et à la vue du plus grand nombre, coupait le choquant appendice d'un coup de ciseaux tout en mimant une pathétique expression de douleur. Winston Churchill lui-même qualifiera publiquement le plaisantin « d'individu dangereux pour ses amis » à la suite d'un sale tour joué à un membre du Parlement. Un après-midi, juste après

le déjeuner, Horace défia à la course un ancien camarade d'école, Oliver Locker-Lampson, nouvellement élu député conservateur à la Chambre. Il se laissa délibérément distancer et, à la vue d'un policeman, se mit soudain à crier : « Au voleur ! Arrêtez-le ! Il a pris ma montre ! », précieux garde-temps en or qu'il avait subrepticement glissé dans la poche de son concurrent avant le départ. Intercepté, et malgré le revirement d'Horace qui avoua sa farce, le député finit au poste de police puis dans la rubrique des faits divers.
Une rumeur lui prête aussi l'organisation d'un dîner auquel ne furent conviés que des individus présentant le mot *bottom* (derrière ou fesse) dans leur patronyme. Lors de pièces de théâtre jugées prétentieuses, il lui arrivait d'offrir des places aux premiers rangs à des vagabonds, ou, plus créatif, à des hommes chauves dont chaque crâne se voyait affublé d'une lettre bien visible formant les mots *fuck* (interjection ordurière aux sens divers selon le contexte) ou *bollocks* (foutaises). Horace de Vere Cole a consacré la majeure partie de son existence et de son argent au frisson que lui procuraient ses audacieux mais dispendieux canulars. En dépit d'un mariage avec une riche héritière irlandaise, il finira ruiné à la suite d'une désastreuse spéculation foncière. Il s'exile en France en 1928 pour épouser une ancienne femme de ménage. À l'âge de 55 ans,

Horace de Vere Cole meurt d'une crise cardiaque à Honfleur.

QUI A FAIT PEUR À VIRGINIA WOOLF ?

Quelques mois avant son tragique suicide par noyade, la romancière britannique Virginia Woolf donna une conférence au Women's Institute de Rodmell, dans le Sussex, pour raconter ce qui fut, pour elle, la journée la plus mouvementée de son existence. La célèbre autrice de *Mrs Dalloway* rapporta comment, en février 1910, deux jours seulement avant l'opération, elle fut recrutée par son frère, Adrian Stephen, pour participer à un canular au cours duquel quelques jeunes gens de bonne famille humilièrent la Royal Navy en se faisant passer pour des princes impériaux d'Abyssinie.

La jeune femme incarne un cousin de l'empereur d'Abyssinie aux côtés de trois garçons de la bonne société britannique. Son frère Adrian tient quant à lui le rôle d'un interprète et Horace de Vere Cole celui d'un représentant du Foreign Office. Pour parfaire leurs impostures exotiques,

Virginia et ses comparses achètent un manuel de grammaire swahilie dans une librairie de Charing Cross. Ils font des essayages chez Willy Clarkson, grand costumier de théâtre qui réalise également des déguisements pour les détectives de Scotland Yard en mission d'infiltration. Virginia, dont la question du genre sous-tend toute l'œuvre (en particulier l'étonnant *Orlando*, 1928), revêt une robe de satin rouge richement brodée pour incarner ce prince de la Corne de l'Afrique.

Le 6 février, bien avant l'aube, Horace convoque le même Clarkson muni de sa trousse à maquillage débordante de poudres, de fonds de teint et de moustaches postiches. Les conspirateurs reçoivent alors ordre de ne plus rien boire ni manger afin de préserver leur grimage. Un photographe professionnel immortalise leur métamorphose avant le grand saut. Le moment venu, Horace de Vere Cole fait envoyer un télégramme à l'amirauté du Dorset :

> « Le Prince Makalen d'Abyssinie et sa suite arrivent aujourd'hui à 16 h 20 à Weymouth. Ils souhaitent voir le Dreadnought. Réservez-leur un accueil agréable. Confus pour le court délai, un interprète les accompagne. »

Le message est signé du nom de Hardinge, le sous-secrétaire d'État permanent aux Affaires étrangères. Rien d'étonnant à cette requête de dernière minute : la fameuse marine anglaise adore faire étalage de sa puissance et impressionner ses alliés. Le navire de guerre *HMS Dreadnought*, fleuron de la puissance navale britannique, est alors surnommé la « terreur des mers » grâce à son canon de très gros calibre et à ses équipements dernier cri.

En se dirigeant vers la gare de Londres d'où affluent d'innombrables travailleurs, une question traverse l'esprit de Virginia : « Que diable fais-je en traversant Londres à huit heures ce matin d'hiver, vêtue de satin rouge royal avec un turban sur la tête ? » Quoi qu'il en soit, elle est désormais embarquée dans l'aventure ! Un wagon de première classe est mis à disposition de la délégation abyssinienne et s'ébranle. C'est là que la soif et la faim commencent à tarauder nos faux princes abyssiniens qui se voient contraints au jeûne le plus strict. Horace de Vere Cole, qui interprète le représentant du Foreign Office, rôle qui ne requiert aucun maquillage, profite quant à lui en toute quiétude du wagon-restaurant.

À la descente du train, un tapis rouge et la garde les accueillent puis ils se voient conduits à bord du *Dreadnought* avec tous les honneurs dus à leur rang. Pour célébrer leur venue, le navire est paré de guirlandes lumineuses et de drapeaux. Tout l'équipage se trouve aligné en grand uniforme. Seul impair, la fanfare n'ayant pu mettre la main sur l'hymne abyssinien leur joue celui du Zanzibar. Par chance, l'amiral qui les reçoit, dépourvu de culture religieuse, ne se rend pas compte de la grave erreur du costumier de théâtre qui a pourvu ces princes musulmans de crucifix coptes chrétiens. La menace vient d'ailleurs et l'opération manque de peu le naufrage : sur le pont du navire, se tient solennellement le premier officier, Willy, le cousin germain de Virginia. Celle-ci chancelle. Comment pourrait-il ne pas la reconnaître, lui avec qui elle partage tant de souvenirs ?! La jeune femme parvient à grand-peine à ne pas s'esclaffer alors que Willy les salue un à un avec déférence. Puis son sang se glace : le capitaine du navire est lui aussi une connaissance ! Trente ans plus tard, l'écrivaine se remémore : « Dans quel nid de frelons étions-nous plongés, comment éviter d'être percés à jour ? »

La fausse délégation passe en revue la garde d'honneur puis inspecte le cuirassé de fond en comble. Nos visiteurs d'Afrique factices s'extasient sur toutes sortes de boussoles, télescopes ou équipements de liaison sans fil dans un affreux charabia mâtiné d'accent allemand. Les faussaires n'avaient guère eu le temps de potasser le manuel de grammaire swahilie, ils se débrouillent donc en mêlant quelques réminiscences de grec et de latin, citations tirées de l'*Énéide* et autres classiques antiques, à de pures inventions langagières. Ne manquant pas d'impudence, le frère de Virginia pose des questions sur les uniformes, créant des phrases sibyllines comme « entaqui mahai kustufai » ponctuées d'exclamations : « Bunga bunga ! » Nouvelle émotion forte pour Virginia, elle remarque que les moustaches d'Adrian se soulèvent avec le vent et sent sa propre barbe se faire la malle. Terrorisée à l'idée d'être démasquée, Virginia parle le moins possible de sa voix aussi grave que faire se peut, mais remarque avec étonnement que son rire masculin est tout à fait convaincant.

Dernière épreuve, mais pas des moindres : arrive le moment du traditionnel thé anglais accompagné de scones et autres pâtisseries que sont contraints de refuser nos compères assoiffés et affamés. Avec un plaisir un brin sadique, Horace précise aux officiers déçus et froissés que la religion des Abyssins leur proscrit de toucher à tout mets ou boisson avant le coucher du soleil. La visite touche à sa fin, et Horace extrait de sa poche une petite broche sertie de fausses pierres précieuses empruntée à Willy Clarkson qu'il présente comme l'Ordre de l'Étoile d'Éthiopie. Mais les marins britanniques déclinent la décoration au motif de leur interdiction d'en recevoir d'une puissance étrangère.

Dans le train du retour, le fond de teint des Abyssins vire au vert kaki et un éternuement du prince Makalen fait tomber la moitié de sa moustache. S'amusant de la détresse de ses amis autant que du bon tour joué à la respectable Royal Navy, Horace de Vere Cole prolonge le supplice en informant gravement les employés des chemins de fer que ses altesses ne peuvent se voir servir à manger que par des domestiques portant des gants de chevreau, une impossibilité à bord !

Quelques jours plus tard, l'imposture est révélée à la une du *Daily Mirror* qui publie la photographie de la fausse délégation en habits de cérémonie. Qualifiant l'expédition de canular le plus audacieux de l'histoire, l'article fait des officiers de la Royal Navy des objets de risée dans le monde entier. Les autorités militaires exigent l'arrestation de Cole, mais celui-ci n'a, en réalité, enfreint aucune loi. La famille de Virginia n'en fut pas moins consternée par ce canular jugé « stupide et vulgaire », une offense à la bienséance anglaise. Outrage confirmé par Willy lui-même qui, un dimanche matin, se présente furibond à la propriété familiale. Virginia perçoit ses éclats de voix colériques et descend l'escalier pour découvrir son cousin à l'honneur flétri par cette farce inexcusable. Il assène alors cette sévère remontrance à Virginia qui réveilla en elle la peur qu'elle avait ressentie à bord du terrible *Dreadnought* :

> « Avez-vous seulement réalisé que si nous vous avions découverts, vous auriez pu être déshabillés et jetés à la mer ? »

Elsie Wright (1901-1988), Frances Griffiths (1907-1986)

Originaire du village anglais de Cottingley, dans le comté du Yorkshire de l'Ouest, Elsie Wright était la fille d'Arthur Wright, l'un des premiers ingénieurs électriciens qualifiés, également photographe amateur. L'adolescente et sa jeune cousine Frances Griffiths, qui partageaient la même chambre mansardée et la passion des escapades forestières, sont à l'origine d'une retentissante affaire dite « des Fées de Cottingley ». Elles sont les auteurs de clichés les représentant en compagnie de fées et d'un gnome qui suscitèrent de vives polémiques.

LES FÉES EXISTENT

Un samedi de juillet 1917 à Cottingley, Elsie Wright demande à son père de lui prêter son appareil pour photographier les fées de la forêt. Arthur Wright sourit de la naïveté de la jeune fille de 16 ans et accepte. Il lui explique le maniement de l'appareil et Elsie part s'aventurer dans les environs de la maison familiale en compagnie de Frances Griffiths, sa cousine de 10 ans.

Un peu plus tard, Arthur Wright s'installe dans sa chambre noire pour développer ses négatifs sur plaques de verre. Surpris et légèrement troublé, il découvre alors un cliché révélant la petite Frances les coudes posés sur un buisson et, au premier plan, trois petites créatures ailées et vêtues de voiles diaphanes qui dansent au son d'une flûte dont joue la quatrième. Une autre plaque montre une fée en vol stationnaire offrant une fleur à Elsie.

Deux mois s'écoulent et les deux cousines empruntent à nouveau l'appareil lors d'une escapade forestière. Elles reviennent cette fois avec une photo d'Elsie assise dans l'herbe et en train de jouer avec un gnome de trente centimètres de haut portant, selon leur description, des collants noirs, un maillot rougeâtre et un chapeau pointu rouge vif. Arthur Wright connaît bien sa fille, son imagination fertile et son âme d'artiste. Pour lui, ce n'est là qu'une habile mise en scène avec, probablement, des silhouettes de carton découpées. Mais son épouse, Poly, la mère de l'adolescente, est convaincue de l'authenticité des photographies.

L'époque raffole du surnaturel et les étonnants clichés sortent peu à peu du cercle familial. Ils parviennent entre les mains d'un expert qui les analyse et conclut à l'authenticité des négatifs. S'il se garde bien de se prononcer sur l'existence des fées, il ne constate aucune trace de truquage ou de modèles en carton. Les images de fées circulent alors dans la communauté spiritualiste britannique et attirent bientôt l'attention de sir Arthur Conan Doyle, le célèbre auteur des enquêtes de Sherlock Holmes.

Marqué par des deuils à répétition au sein de son foyer et souffrant de dépression, Conan Doyle développe à cette époque une passion pour la télépathie, le magnétisme animal et le spiritisme. Il se prend alors de curiosité pour l'histoire de ces jeunes filles qui joueraient avec les fées et les elfes depuis leur plus tendre enfance. L'écrivain de renom leur écrit et les félicite pour leurs magnifiques photos. En décembre 1920, il publie même dans le magazine *Strand* un article qui défend avec ferveur l'authenticité des images. Le texte génère tout d'abord un mélange d'embarras et de perplexité auprès du public. Mais il suscite néanmoins l'attention et déclenche une controverse internationale opposant spiritualistes et sceptiques.

Frances et Elsie se prennent au jeu et produisent de nouvelles plaques de verre pour faire taire les incrédules. Elles opèrent cependant toujours seules, arguant que les fées ne se montrent pas en présence d'étrangers. Les photographies, en noir et blanc, ne rendant pas justice à la beauté des êtres surnaturels, les jeunes filles précisent que les fées arborent des ailes aux nuances de vert, lavande et mauve. Convaincu et sous le charme, Conan Doyle publie en 1922 le livre *The Coming of the Fairies* (*Les fées sont parmi nous*) et donne crédit à l'existence d'un peuple de fées, gnomes et lutins. On trouve ainsi sous la plume du créateur du très rationnel Sherlock Holmes : « Les images représentent soit le canular le plus élaboré et le plus ingénieux jamais joué au public, soit un événement de l'histoire humaine qui peut, à l'avenir, apparaître comme ayant marqué une époque par son caractère. » Selon lui, ces petits êtres sont peut-être aussi nombreux que la race humaine et échappent à notre connaissance en ne se révélant qu'à quelques élus.

Le grand maître des énigmes policières n'hésite alors pas à réfuter certaines objections des experts qui s'étonnent de l'absence d'ombres portées par les fées. Il impute cela à la « faible luminosité » qui émane de leurs corps éthérés. Au sujet de ce qui semble être une pointe d'épingle à cheveux sortant du ventre d'une des créatures, l'écrivain l'interprète comme un nombril. La preuve est ainsi faite que les fées accouchent comme les humains. Mais une question reste en suspens : comment se fait-il que les fées soient habillées et coiffées à la dernière mode parisienne ?

Le sexagénaire est moqué par la presse, couvert de ridicule au point que certains de ses amis, parmi lesquels J. M. Barrie, créateur du personnage de Peter Pan, se détournent de lui. L'auteur à succès ne reviendra plus jamais sur l'affaire qui sombre peu à peu dans l'oubli des faits divers. Elsie et Frances se marient et partent vivre à l'étranger, en Afrique du Sud et en Inde. D'un commun accord, les deux cousines décident de garder le secret jusqu'au décès de Conan Doyle afin de ne pas renforcer le déshonneur de leur plus grand supporter. Trois ans après la mort du romancier, un journaliste du *Daily Express* retrouve Elsie, de retour au Royaume-Uni, espérant pouvoir enfin faire la lumière sur l'affaire. Mais ses réponses restent évasives. L'amie des fées nie en bloc avoir monté un canular avec sa cousine et affirme de manière énigmatique et espiègle avoir photographié ses pensées.

En 1978, une analyse des clichés à l'aide d'un logiciel informatique révèle enfin le trucage. Les silhouettes de fées et de gnomes paraissent inspirées d'un livre pour enfants très populaire publié en 1915, *Princess Mary's Gift Book*, dessinées par Claude Arthur Shepperson. Trois ans plus tard, Elsie Wright confesse à un journaliste du magazine *The Unexplained* avoir dessiné les fées d'après les illustrations du livre puis soigneusement découpé les croquis pour les fixer dans l'herbe et les branchages à l'aide d'épingles à chapeau afin de créer l'illusion de leur vol. Comble de l'ironie, Conan Doyle a collaboré à l'ouvrage illustré dans lequel les enfants avaient puisé leur inspiration ! En 1985, Elsie confiera encore à l'émission télévisée *Arthur C. Clarke's World of Strange Powers* : « Deux enfants d'un village et un homme aussi brillant que Conan Doyle, eh bien, nous ne pouvions que garder le silence ! » Malgré ces aveux, les deux cousines affirmèrent jusqu'à leur mort avoir réellement rencontré des fées.

Les étudiants du Quartier latin, 1928

Au xve siècle, à l'époque où François Villon était une figure du corps estudiantin, l'Université médiévale forma un fort attachement à son indépendance, chèrement acquise, vis-à-vis des autorités municipales, ecclésiastiques et royales. Cet esprit de corps du Quartier latin se forgera au cours des siècles dans une âpre défense de ses privilèges — prévus dans leurs statuts de fondation — et s'exprimera dans des grèves et actions violentes, mais aussi à travers un sens de l'humour, de la parodie et de l'ironie dont les étudiants parisiens ne se départiront pas. On vit ainsi, au siècle dernier, la jeunesse du Quartier latin hisser à plusieurs reprises des candidats fantaisistes sur les tréteaux de la comédie politique. Une année, l'un de ces énergumènes bouleversa même le cours d'une trop sage campagne électorale grâce à un ambitieux programme. Et quel programme !

VOTEZ DUCONNAUD !

En 1928, le conseiller général de la Seine, Raoul Brandon, fait face à la colère des étudiants du Quartier latin. Il a supprimé les urinoirs répartis sur le chemin conduisant de la place Saint-Michel au Panthéon. Leur saleté et les mauvaises fréquentations qu'on leur prête seraient une offense à la dignité du quartier. Les étudiants ont en vain tenté de les sauver avec ce slogan tapageur : « Le Quartier latin doit pisser au Quartier latin. »

Au mépris de cette atteinte inexcusable à la liberté de se soulager à la porte de leur chère université, Raoul Brandon ose annoncer son infamante candidature aux législatives pour sa réélection sous les couleurs du Parti républicain-socialiste. L'idée d'une vengeance de bon aloi germe alors un soir de beuverie dans la brasserie *Le Soufflet* : un petit groupe d'étudiants se constitue en soutien à leur propre candidat. Leur choix se porte sur un vendeur de fleurs un peu simplet qui traîne ses savates éculées aux terrasses des brasseries et dans les dancings. Le pittoresque sexagénaire qui a pris comme une offense personnelle la suppression de ces latrines dont il usait à plaisir n'est pas difficile à convaincre.

Pour son entrée sur la scène politique, ce Monsieur Brugeail pour l'état civil prend le nom de guerre de Paul Duconnaud. Ses joyeux compagnons l'habillent de neuf et le dotent d'une élégante jaquette noire, d'une cravate lavallière et d'un indispensable chapeau melon. On lui imprime des cartes de visite l'établissant en qualité de « paysagiste diplômé ». La permanence du candidat déclaré du parti de la Concentration traditionaliste, établie au café *Soufflet* sur le boulevard Saint-Michel, arbore en devanture une superbe banderole sur laquelle se détache en grosses lettres rouges le nom de Paul Duconnaud. Le doux petit vieux au sourire malicieux confie timidement à la presse : « Ce n'est pas que je compte beaucoup être élu, mais ça fait de la réclame pour mes roses… »

Ses partisans placardent des affiches et distribuent des monceaux de tracts dans tout le quartier titrant : «Voici enfin un candidat, le vôtre ! » Sa profession de foi est signée : « Paul Duconnaud, ingénieur pépiniériste ».

La campagne cause un tel retentissement que l'on commence à parler de « duconnisme ». Quelques jours avant le scrutin, le candidat de la Concentration traditionaliste tient une grande réunion publique dans le préau d'une école de la rue Cujas où près de cinq mille personnes se réunissent, curieuses ou simplement amusées. La salle ne pouvant contenir une telle affluence, la foule reflue sur le boulevard Saint-Michel. La police du quartier, débordée, doit faire appel aux renforts de la préfecture pour rétablir l'ordre.

Notre camelot n'est cependant pas sans présenter quelques difficultés à ses partisans souhaitant en faire un candidat à peu près crédible. Le postulant Duconnaud est plus qu'à son tour alcoolisé et montre une élocution laborieuse et empâtée atteignant ses limites autour de la troisième phrase. Une astuce très ingénieuse est alors mise en place. On installe sur l'estrade une grande table recouverte d'un tapis vert tombant jusqu'au sol servant de pupitre à la figure de proue du mouvement contestataire. En dessous se dissimule un comparse chargé de prononcer le discours. Le pauvre diable se contente de mimer des lèvres en silence et de souligner la ponctuation à grand renfort de mouvements de menton et de violents coups de poing martelés sur la table. Le discours propose en premier lieu une mesure à même de se gagner la sympathie du plus grand nombre : l'abolition pure et simple des impôts directs et indirects. Puis d'ajouter :

« Nous envisageons une sollicitude plus grande des pouvoirs publics à l'égard de la vieillesse, de l'enfance, sans oublier bien sûr… le Moyen Âge ! »

Le dernier trait déclenche l'hilarité des étudiants. Le défaut de synchronisation entre le geste du faux tribun et la parole ajoute au comique de la situation et un déchaînement de rires et de claques sur les cuisses fait trembler les vitres. Puis le programme de dérouler son plan abracadabrantesque :

- L'ouverture de la chasse une fois par mois dans le Jardin des plantes.
- La création d'un institut météorologique pour garçons coiffeurs afin qu'ils puissent enfin donner un constat avisé sur le temps qu'il fait.
- L'installation de trottoirs roulants sur le boulevard Saint-Michel et d'un toboggan dans la tour Saint-Jacques.
- La transformation du bassin du Luxembourg en piscine mixte.
- Le transfert des catacombes en banlieue.
- Le prolongement de la rue Champollion

jusqu'à la mer dans les deux sens, avec annexion des territoires traversés.

- La création d'une académie de belote.
- La transformation de la station du quai Saint-Michel en gare maritime pour permettre aux étudiants d'aller taper plus facilement leur oncle d'Amérique.
- L'abrogation des lois de la pesanteur préjudiciables aux buveurs.
- L'extinction du paupérisme après huit heures du soir.
- La constitution d'une allée sablée menant du Panthéon au Sacré-Cœur.
- La suppression du retour d'âge.
- L'avancement de la fin du mois.
- Une réduction de la période de gestation féminine à cinq mois.
- Dans les cafés du Quartier latin, réduction de 65 % aux étudiants sur présentation de leur carte.

Le meeting se clôt dans un climat de grande liesse et la foule scande :

« Pas d'abstentions ! », « Aux urnes ! », « Vivent les électeurs ! », « Vive le Quartier latin ! ».

Puis entonne d'une seule voix :

– C'est Duco, Duco, Duco… c'est Duconnaud qu'il nous faut !

– Du-co-nnaud-à-l'É-ly-sée ! Du-co-nnaud-à-l'É-ly-sée…

Selon le décompte officiel, le candidat « Brugeail, dit « Duconnaud », ne remporta que 132 voix, ce qui fut néanmoins suffisant pour mettre en ballottage Raoul Brandon et lui infliger un second tour. Grand seigneur, Paul Duconnaud se retira du scrutin, non sans remercier ses électeurs, soucieux de rester bien présent dans leur cœur. Et même dans les urnes. Sur son affiche de désistement, on pouvait lire : «Voter pour Brandon, c'est encore voter pour Duconnaud.»

Après sa défaite, le marchand de fleurs reprit son ancienne activité avec son panier d'osier aux terrasses des cafés. Mais un « melon » avait poussé sous son chapeau idoine. Pérorant volontiers auprès des curieux, il s'affichait pourvu d'une assurance et d'une dignité nouvelles dans sa jaquette sombre mystérieusement ornée d'une rosette de l'ordre de Nichan Iftikhar, la plus haute distinction honorifique de la monarchie tunisienne.

Hélas, dans les années qui suivirent, afin de dissuader les candidats fantaisistes, demi-fous ou simples fumistes – qui entraînaient pourtant un certain engouement pour la vie démocratique – tout un arsenal de règlements, finasseries administratives, parrainages et autres tracasseries financières vit le jour, à même de décourager les plus volontaires des contestataires.

Anonyme, *circa* 1950

On ne connaît pas l'identité du créateur du canular suivant. Harry Allen Smith, journaliste et écrivain américain auteur de l'ouvrage de référence *The Compleat Practical Joker*, paru en 1953, nous révèle seulement qu'il s'agit d'un influent éditeur new-yorkais qui aima répéter sa piquante plaisanterie à de multiples occasions. Si le livre de Smith laisse donc quelques secrets dans l'ombre, il constitue cependant une véritable bible du canular d'outre-Atlantique et détaille les farces distillées par quelques légendes de la discipline dont le journaliste fut proche.

LE BRISTOL

Dans les années 1950, un éminent dirigeant d'une illustre maison d'édition fréquente les night-clubs en vogue. Dans ces lieux de fête où règnent l'insouciance, la frivolité et les excès, la jeunesse dorée de New York – des rejetons de la haute société, héritiers de capitaines d'industrie du XIXe siècle, banquiers et propriétaires d'écuries de chevaux de course – traîne de table en table son arrogance et son apathie affichées comme une seconde nature. Derrière une prodigalité ostentatoire, cette *cafe society* déclinante suinte l'ennui paroxystique et arbore une étiquette de classe élimée.

Si notre honorable éditeur ne fraye pas avec ce cénacle, il ne manque jamais à son arrivée dans les clubs d'observer soigneusement les lieux d'un regard inquisiteur. Il recherche quelques visages familiers au sein des petits groupes bien en vue de l'établissement. Sa proie repérée, il met alors son stratagème, aussi simple qu'ingénieux, à exécution. Il sort de sa poche une petite enveloppe contenant quelques bristols imprimés avec soin. Il glisse l'un d'eux à un serveur, accompagné d'un généreux pourboire, et lui demande de porter la carte à sa victime désignée. Son choix se porte toujours sur un jeune homme, indiscutablement de « bonne famille », qui s'impose comme le leader du clan le plus éméché par un aussi dispendieux que dangereux mélange de champagne et de cocktails au rhum cubain. Le serveur se penche vers celui-ci, lui chuchote quelques mots et lui remet la missive qui trouble à peine d'un éclair de curiosité l'éternelle indifférence à toute chose affichée par ces gens. Du moins, jusqu'au moment où le jouet de notre éditeur prend connaissance du mot qui lui est adressé :

« La direction vous prie de quitter instamment l'établissement sans faire d'esclandre. »

L'humiliant ultimatum ne manque jamais de déclencher la sidération, puis la fureur des jeunes gens. L'esclandre est, en réalité, inévitable. Accoudé au bar, l'expéditeur se tient tel un spectateur au théâtre, assistant à une représentation dont il est secrètement l'habile metteur en scène.

Marcel Celmas, dit Celmas (1891-1961)

Le chansonnier Celmas est l'un des personnages les plus déroutants de la légende secrète du music-hall. Ce petit homme sec, à la mine arrogante et aux allures de sous-chef du contentieux, fut aussi pour quelques initiés, dont son ami Pierre Dac, un grand maître en loufoquerie.

Marcel Armand Dupuy, de son vrai nom, est né à Nantes le 6 août 1891, d'une mère modiste et d'un père vendeur en articles de cordonnerie, décédé sept mois avant sa naissance. Pour la suite, à l'image du Christ, nous savons bien peu de ses trente premières années. Sinon qu'il a fait ses débuts comme chanteur de charme. Dans les années 1910, il peaufine un répertoire sentimental en habit fringant et fleur à la boutonnière dans les cafés-concerts crapoteux du port nantais. Puis il monte à Paris pour obtenir son premier engagement au casino de Charenton.

« Ma vocation de cinglé ne date que de 1926 », confia Celmas. À cette époque les chansonniers écrivaient de jolis monologues en vers rimés octosyllabiques. Mais Celmas leur préférait des improvisations osées, plus ou moins inspirées mais immanquablement débridées. Son numéro n'était jamais écrit à l'avance, si ce n'est une vague trame dont il déviait à plaisir au fil de ses phrases décousues. Son air ordinaire et maussade contrastait en contre-pied parfait avec son flot d'incohérences et de coq-à-l'âne stupéfiants. En référence au surnom de Charles Trenet le « fou chantant », on qualifia Celmas de « fou parlant ». À partir de la fin des années 1940, des cabarets montmartrois au Caveau de la République, son entrée en scène mettra à rude épreuve la complaisance du petit cercle d'initiés amateurs de ses fantaisies saugrenues. Dos au public, il s'entretenait longuement avec le pianiste en ignorant avec ostentation les sifflets de l'assistance qui s'impatientait. Quand la comédie lui semblait avoir assez duré, il se tournait vers la salle et lançait de sa voix nasale et haut perchée : « Ah vous êtes là ! Pour en revenir à ce que je vous disais... », et s'élançait dans un flamboyant monologue sans queue ni tête. Et chaque soir, avec le même numéro constamment remis sur l'ouvrage, tout le long de sa carrière, ce fut quitte ou double : un bide ou un triomphe.

Ce brillant chantre de l'absurde fut aussi, en dehors de sa carrière scénique, l'auteur d'une multitude de gestes provocateurs gratuits et

accomplis en solitaire. De fait Celmas aimait réserver sa bizarrerie à lui-même. Peu après la fin de l'occupation allemande, quand les tickets de rationnement alimentaire étaient encore d'actualité, il lui arrivait de se tenir patiemment dans une longue file d'attente chez l'épicier. Une fois son tour venu, il exigeait un kilo de caviar. Essuyant bien évidemment un refus, il repartait de fort méchante humeur en s'exclamant : « On était quand même mieux servi quand ils étaient encore là ! »
Même son épouse faisait les frais de son esprit sarcastique. Une fois que son mari rentrait au logis, tard dans la nuit, sans doute un peu éméché, en faisant un raffut de tous les diables, elle l'interrogea, agacée de s'être vu tirée du sommeil :
- Mais d'où sors-tu encore, Marcel ?
Le fantaisiste répliqua dans une pompe d'orateur romain :
- De l'ordinaire !

Dans les années 1950, la folie douce de ce vétéran des Années folles lui valut l'admiration sans faille de représentants de la jeune génération, à l'instar de Robert Dhéry, fondateur de la troupe des Branquignols. Ses jeunes disciples s'efforçaient de le suivre dans ses dérives quotidiennes et transmirent quelques récits drolatiques ainsi sauvés de l'oubli. Si les trompettes de la renommée ne résonnèrent pas pour Celmas, c'est aussi en partie en raison d'un étrange phénomène : il se montrait incapable d'apprendre et de réciter correctement un texte qui n'était pas de lui. Le duo de jeunes humoristes Roger Pierre et Jean-Marc Thibault, qui comptèrent parmi ses plus fidèles admirateurs, lui donnèrent au cinéma un petit rôle de contremaître d'usine dans *Vive les Vacances* (1958) et de barbier fantasque dans *Les Motards* (1959). Deux rôles muets !

À 70 ans, Celmas acheva sa carrière dans un cabaret de Montmartre tenu par Fernand et Jackie Sardou, les parents du futur chanteur de variétés. Le 31 décembre 1961, soir de triomphe, il rejoignit un restaurant de la place du Tertre. Il commanda un verre de vin, s'assit et la mort le foudroya sur place, lui refusant l'accès à la nouvelle année. La messe d'enterrement à l'église de Romainville, lieu de résidence du chansonnier, fut programmée à une heure très matinale, choix curieux pour rendre hommage à cet oiseau de nuit. Les chansonniers de la Butte ne voulant pas manquer de saluer leur camarade à cause d'un réveil difficile optèrent donc pour une nuit blanche, généreusement arrosée à la mémoire du défunt. Au petit matin, la nef se vit ainsi séparée en deux : d'un côté les bonnes sœurs de la Charité parmi lesquelles la fille de Celmas, de l'autre une flopée de joyeux olibrius éméchés comptant quelques-uns des pochards les plus chevronnés de Montmartre. Dernier tour malgré lui de son facétieux paternel, l'horaire supposé dissuasif de la cérémonie s'était retourné contre la religieuse et sa volonté d'austère bienséance. Un coup du sort qui aurait fort plu à son père qui aimait à s'asseoir à proximité d'une bonne sœur à cornettes dans les autobus puis s'exclamer soudainement : « Comment ça "merde" ? »

LE COUP DE LA TRANCHE DE JAMBON

S'il aimait à se jouer d'eux, Celmas ne se départit jamais de sa tendresse pour les petits commerçants. Le jeune marquis Philippe de Cherisey, membre éminent du duo de fantaisistes oublié « Grégoire et Amédée », compte parmi les heureux chanceux qui suivirent le chansonnier dans ses pérégrinations d'emplettes parisiennes. Pas moins de trois fois il assista à l'entrée de Celmas dans une charcuterie et au tour hardi qu'il aimait y jouer.

Cordial et souriant, Celmas s'enquiert d'abord du statut de la personne qui le sert.

– Ah vous êtes le patron ? questionne-t-il de son timbre nasal et fluet.

– Parfaitement, répond le commerçant.

– Tant mieux, on est toujours mieux servi par le patron que par les employés. Est-ce que vous avez une grande quantité de jambon en stock ?

Rassuré par le charcutier, Celmas lui lance :

– Alors mettez-moi du jambon de Parme.

– Combien de tranches ? interroge l'artisan en s'emparant d'une belle pièce de viande.

– Allez-y, je vous arrêterai, répond Celmas avec autorité.

Le charcutier débite de belles fines tranches, l'une après l'autre, jusqu'à ce qu'une volumineuse pile s'accumule sous la trancheuse. D'un geste emphatique de la main, Celmas l'encourage à poursuivre, et le patron de sourire à la perspective de la jolie note qui se profile. Lorsqu'une généreuse quantité de jambon de première qualité s'est constituée, Celmas pointe soudainement la trancheuse et lance :

– Stop, celle-là ! Elle est parfaite.

Le commerçant se tourne vers lui, levant les sourcils dans un air d'incompréhension :

– C'est-à-dire celle-là… ?

– Oui oui, elle est très bien, vous pouvez me l'emballer.

Notre rapporteur ne nous dit pas qu'elle était la réaction du charcutier. Gageons qu'elle ne devait guère être enjouée. Explications et tractations étaient alors menées, et Celmas repartait avec un petit paquet de jambon sous le bras. Et puisqu'il ne faut pas gâcher, celui-ci allait être l'occasion d'une nouvelle plaisanterie.

UN SERVEUR GÉNÉREUX

Ainsi chargé du fruit de sa farce, Celmas décide donc de rester sur sa lancée joueuse et de maximiser l'effet comique de ses tranches de jambon. Il s'attable dans un café de sa connaissance. Il sait qu'ici sont servis des sandwichs préparés par le garçon de salle. Lorsque le serveur vient prendre sa commande, il demande un casse-croûte au jambon de Parme. Quand celui-ci lui est servi, il opère avec discrétion pour ajouter ni vu ni connu quelques-unes de ses propres tranches jusqu'à ce que le pain déborde d'une généreuse garniture. Il dépose alors le sandwich dodu de charcuterie et appelle le patron :

– Monsieur, je tenais à vous féliciter

chaleureusement pour l'abondance des mets servis ! dit-il en lui désignant l'opulente collation.

Dégustant son copieux repas, Celmas ne manquait pas d'observer les retombées de son stratagème. Immanquablement, le patron tombait sur le dos du pauvre garçon qui se voyait accuser de vouloir ruiner la maison. Pour le taquin satyre, la scène du pauvre loufiat se faisant agonir sans comprendre ce qu'on lui reprochait au juste constituait un accompagnement de choix.

IMPROVISATION THÉÂTRALE

Dans les années 1920, Celmas est à l'affiche de l'Eden, théâtre d'Asnières, dans un drame larmoyant intitulé *L'Hirondelle*. Le pitch : à la fin de la Première Guerre mondiale, un sous-marin se voit échoué dans les fonds marins sans aucun espoir de regagner la surface. Tout l'équipage est condamné à l'exception du petit mousse qu'il sera possible de renvoyer à l'air libre via une capsule expulsée par le lance-torpilles. Avant de céder à une atroce agonie par asphyxie, les membres de l'équipage passent un à un auprès du garçon pour lui confier leurs dernières volontés et un message à délivrer à leurs proches.

D'une voix tremblante, sanglotante ou faussement courageuse, l'un va déclarer un dernier message d'amour à sa chère maman, un autre va exhorter au courage son épouse et veuve en devenir, ou encore délivrer une ultime leçon de vie à un enfant bientôt orphelin de père. « Ma dernière pensée pour ma fiancée... » balbutie le quartier-maître, « Pour la France... » ânonne le capitaine en une ultime bravade patriotique aux accents peu convaincants.

Le soir de la dernière représentation, son tour venu, Celmas s'avance sur le fil tendu de la tragédie et adresse cette supplique au mousse :

– Va trouver mon agent et dis-lui que je suis libre dès la semaine prochaine.

D'abord de simples pouffements mal retenus, des éclats de rire gagnent finalement la scène puis se propagent telle une vague à travers le public. Le rideau tombe en catastrophe et écourte l'agonie du drame qui tourne à la farce.

Trop content de son joli coup, Celmas s'empresse de se faire une spécialité de couler les pièces en perdition.

Aux Folies parisiennes, il joue dans un drame prolétarien au titre explicite : *Travail et Capital*. Il incarne le fils d'un patron d'usine qui a séduit et mis enceinte la fille du contremaître. Au dernier acte, un grave conseil de famille se tient pour trancher cette affaire compromettant l'héritier de bonne famille avec la fille d'un prolétaire. Celmas prend soin d'apporter quelques retouches de son cru au tableau final :

– Ah ! Voici les enfants, déclame tragiquement l'épouse du patriarche à l'arrivée de son fils, suivi du reste de la fratrie.

– Salut la vieille ! lâche Celmas à son arrivée en scène.

– Ciel ! Ce garçon est fou, improvise la comédienne décontenancée.

– Tout ça c'est des boniments, tonne le mouton noir de la famille, tirons le rideau et qu'on n'en parle plus !

Le drame connaît son épilogue en coulisse avec le directeur du théâtre dans le rôle principal du furieux sermonneur.

– Alors, dit-il au trublion, vous tenez absolument à couler la pièce ?

– Et vous, répliqua Celmas, pourquoi vous

obstinez-vous à nous faire jouer *Travail et Capital*? Vous savez bien que je n'aime pas travailler et que, en fait de capital, nous sommes tous fauchés!

À LA PHARMACIE

Les tournées estivales qui conduisent Celmas dans les stations balnéaires et les villes d'eau, jusqu'au casino d'Alger, stimulent son inspiration. Dès l'accueil des organisateurs de galas, il a souvent un mot piquant à leur attention. Dans la ville thermale de Châtel-Guyon, à un brave homme qui présente la scène aux artistes et auquel il ne reste plus qu'une dent sur la mâchoire inférieure, Celmas déclare : « Il est très bien votre numéro de rhinocéros ». Une autre fois, venu repérer les lieux d'un gala dans un sanatorium de basse montagne, mal accueilli par l'organisateur, il lance un narquois : « En tout cas, c'est propre ! »

Durant l'été 1938, il sillonne toute la côte Atlantique avec les « Loufoques en vacances », la compagnie de l'humoriste Pierre Dac, une vieille connaissance des scènes de Montmartre. Deux ans plus tôt, ce dernier avait adapté un jeu américain intitulé *La Course au trésor* sur le poste parisien Radio-Cité. Les auditeurs devaient rapporter au studio en un temps record des objets absurdes. Ils débarquaient avec une armure, un œuf au plat sur la tête, un poisson rouge dans une bouteille de vin blanc, une puce sauteuse, une botte de paille ou un collier de saucisses autour du cou. En tournée dans les stations balnéaires qui voient affluer les estivants profitant des récents congés payés, le jeu a lieu pendant l'entracte d'un spectacle de tours de chant et de sketches comiques. Les gagnants remportent des bouteilles de Byrrh et des lots offerts par des commerçants de la municipalité d'accueil.

Le pianiste de la joyeuse troupe des Loufoques est Joseph Kosma, le futur compositeur des *Feuilles mortes* sur un texte de Jacques Prévert. Le jeune débutant Paul Meurisse a également rejoint la compagnie, bien avant de se faire connaître pour son flegme et son élégance dans ses rôles de policier ou d'espion dans *L'Œil du monocle* (1962) ou dans *Le Deuxième Souffle* (1966). À cette époque, il interprète sur scène des chansons gaies d'un ton lugubre. Celmas qui a lui aussi débuté par le chant prendra le jeune homme sous son aile. Un soir, Paul Meurisse, quelque peu fébrile, se confie au chansonnier sur son addiction à la drogue et son état de manque après avoir épuisé sa réserve de petites ampoules. Celmas le rassure :

– Ne t'inquiète pas, demain nous serons à Nantes, ma ville natale, où un de mes amis d'enfance est devenu pharmacien et pourra te fournir ta dose, et même de quoi tenir jusqu'à Hendaye !

Le lendemain, l'enfant du pays est de retour dans la cité qui l'a vu débuter sur scène comme chanteur de romance dans les cafés-concerts à matelots. Celmas fredonne dans la rue des airs d'antan au côté de son jeune ami nerveux, et, quand ils arrivent au pied de la pharmacie de toutes les promesses, le chansonnier avertit Paul Meurisse :

– Écoute, tu n'as pas besoin d'entrer, tu restes sur le trottoir et quand je te montre du doigt au pharmacien, tu lui fais juste un petit signe de la tête, c'est tout !

Celmas entre plein d'assurance dans l'officine, s'approche du comptoir et demande à voix basse sur le ton de la confidence :

– Auriez-vous de la vaseline ?

– Oui, avez-vous une préférence ? s'enquiert le pharmacien.

– Oh, ça n'a pas d'importance, dit Celmas.

Il se tourne alors vers Paul Meurisse, fiévreux derrière la vitrine, le désigne de l'index et ajoute :

– C'est pour enfiler monsieur.

Et Paul Meurisse, comme convenu, hoche gravement la tête.

LE TÉLÉPHONE DANS LE MÉTRO

Celmas aimait répéter cette farce réalisée, une fois n'est pas coutume, avec l'aide d'un complice. Son comparse est Champi, flegmatique chansonnier et fidèle compagnon de soirées arrosées. Ensemble, ils sont en quelque sorte les précurseurs du téléphone portable à une époque où le volumineux appareil à fil n'a même pas encore gagné tous les foyers.

Installé sur une banquette du métro parisien, Celmas, plongé dans la lecture d'un journal, a tout du citoyen ordinaire, digne et sérieux. C'est alors que retentit une sonnerie, une sorte de petit carillon semblant émaner de sa personne. Il s'agit en fait d'un réveil dissimulé dans la poche de son manteau et préalablement réglé pour retentir au moment opportun. Le plaisantin tire alors de son autre poche le combiné d'un petit téléphone, un jouet d'enfant, dont le fil disparaît dans ses vêtements. Il porte le combiné à l'oreille :

– Allô ! Oui, c'est moi… Quoi ?… Tu t'es cassé le bras ?! Ah ! C'est malin… Où je suis ?

Celmas regarde par la vitre et poursuit :

– À Strasbourg-Saint-Denis… Oui… bon d'accord… C'est ça, on se retrouve à Châtelet… entendu, conclut-il avant de ranger le récepteur dans sa poche.

La rame brinquebalante poursuit son trajet et Celmas reprend tranquillement sa lecture, sous les regards amusés ou interloqués de ses covoyageurs.

À la station Châtelet, les passagers de sa voiture découvrent avec stupéfaction les portes s'ouvrir sur un grand type chauve au physique de moine paillard, un bras en écharpe. Champi, qui salue un Celmas s'efforçant de dissimuler son amusement et s'enquérant de sa santé. Et, bras dessus bras dessous, les deux compères de s'en aller réjouis de leur troublante saynète.

LA FAUSSE ADRESSE

Une nuit de l'hiver 1943, le plus froid de l'occupation allemande. Tout le monde reste chez soi, calfeutré, sous les couvertures et près du poêle. Celmas, lui, a envie de distraction. S'il fait un temps à ne pas mettre un chien dehors, pourquoi pas plutôt un saltimbanque démuni ?

Il joint alors au téléphone un malheureux fantaisiste aussi dénué de talent que de contrat. Il lui propose un bon cachet pour remplacer au pied levé un collègue souffrant, le talentueux raconteur d'histoires drôles Roger Nicolas.

– C'est chez des particuliers, au 3 boulevard Edgar-Quinet, précise Celmas.

Flatté de se voir connu et reconnu par cet artiste de renom, le comédien au chômage remercie avec chaleur son interlocuteur. Après lui avoir dûment répété l'adresse, Celmas ajoute :

– Tu verras c'est sublime, tout est en marbre !

Une fois le téléphone raccroché, le baladin s'habille en toute hâte et multiplie les couches de vêtements afin d'affronter les températures bien en dessous de zéro. Il enfourche son vélo et, dans la nuit noire et sous le vent glacial, met une bonne heure à atteindre l'adresse indiquée. En matière de marbre et d'opulence ostentatoire, Celmas ne lui avait pas menti : le voilà arrivé au cimetière Montparnasse.

LES COPAINS DE LA MILICE

Pendant l'occupation, Celmas adore s'adresser aux inconnus dans le bus et leur demander, l'air de rien, comme s'il parlait de la pluie et du beau temps : «T'as écouté Radio-Londres, hier ? »

Les voyageurs, effarés, le fixent sans savoir quoi répondre. De quel côté est ce drôle de type ? Collabo, Résistant, ou juste un doux dingue inoffensif ?

À la Libération, Celmas doit s'adapter, la blague est périmée, il faut la mettre au goût du jour. Le comédien Robert Dhéry, ancien Résistant et futur animateur de la troupe comique des Branquignols, se souviendra toujours de ce soir d'été finissant, quelques jours après l'entrée des Alliés à Paris. Il a 23 ans alors et l'avenir encore flou fait planer un étrange sentiment d'inquiétude au-dessus de la liesse ambiante. Un peu désœuvré, attablé à la terrasse du Café de Flore en compagnie de Celmas, le jeune homme cherche un vague réconfort en confiant ses appréhensions au sujet de son travail et de sa famille. Chacun est pris par ses préoccupations du moment et un blanc s'installe dans la conversation, Celmas s'écrit à haute et intelligible voix :

– Ben alors, mon vieux, fais pas cette gueule ! Tu as été dans la Wehrmacht, mais pas de quoi se ronger les sangs, t'as pas été le seul !

Les conversations voisines s'arrêtent brusquement et l'atmosphère devient subitement matière fissible. Robert Dhéry échappe de justesse au lynchage en quittant précipitamment les lieux.

À cette même période, renouant avec ses facéties en transports en commun, il prend l'habitude pour quitter un ami resté dans le wagon du métro de lui lancer juste avant que les portes ne se referment : « Le bonjour aux copains de la Milice ! »

Si l'humour caustique de Celmas peut sembler de mauvais goût du point de vue de ses camarades qui en font les frais, il faut reconnaître au loustic son implication jusqu'au-boutiste. Lui-même faisant parfois les frais de son besoin de provocation. À l'heure apéritive, dans une brasserie de la place de la République pleine de Résistants, la mitraillette à l'épaule, un garçon de salle s'enquiert de sa mine déconfite. L'occasion est trop belle et n'ayant d'autre victime que lui-même à portée de main, il s'exclame :

– Ce qui ne va pas ? Quatre ans dans la Gestapo et même pas la Légion d'honneur !

Les mois passent et le danger s'amenuise à mesure que les Français se réconcilient et se tournent vers le futur. Celmas cependant garde le cap. Il s'est fait de nouveaux amis : un duo de jeunes humoristes en pleine ascension, Roger Pierre et Jean-Marc Thibault, s'est pris d'affection pour le vieux chansonnier. Ils sont devenus ses plus farouches soutiens, le faisant engager sur scène à leurs côtés. Et se trouvent ainsi aux premières loges des facéties de leur maître ès canulars.

Ils nous rapportent qu'une fin d'après-midi, alors que les trois copains passent dans une rue du quartier de l'Opéra, Celmas se plante au milieu du trottoir et fixe longuement la façade d'un immeuble. Les passants évitent ce curieux trio arrêté en plein passage quand notre trublion questionne à la cantonade, prenant les curieux à témoin :

– Dites-moi, il y avait bien ici le siège de la Gestapo, et ils avaient tout l'immeuble ?

Un petit attroupement se forme aussitôt autour de lui alors qu'il poursuit, flegmatique :

– Je ne vois plus rien d'inscrit sur l'immeuble, mais j'ai travaillé quatre ans pour eux. Et on refuse de me comptabiliser ces quatre années de labeur pour ma retraite. Qu'avais-je fait de mal, sinon dénoncer quelques voisins ?

La foule grossit et s'agite un peu, il y a de l'électricité dans l'air. Les badauds s'échauffent tant et si bien qu'un agent de police vient mettre fin au scandale et prie Celmas de circuler. Avant de tourner les talons d'un ton glacial et impérial, il déclare :

– Je vous remercie Messieurs, il peut y avoir une prochaine guerre, je ne m'occuperai plus de rien !

SORTIE DE TOILETTES

Un artiste qui dilapide son talent en dehors de la scène est sujet à suspicion. Tino Rossi confie un jour à son ami Fernand Sardou au sujet de Celmas : « Je me méfie des comiques qui font rire dans les coulisses. » Si le caractère facétieux de Celmas donne raison à l'illustre chanteur corse qui fait bien de se défier du chansonnier, il le croise en réalité rarement. Au music-hall, de l'artiste en lever de rideau à la grande vedette, l'ordre de passage est fixé par la renommée. Et il arrive bien souvent que l'artiste assigné à chauffer la salle ne croise même pas l'étoile au firmament destinée à clore le show : passer après une tête d'affiche, c'est le bide assuré. Une hiérarchie établie entre frères de bohème qui ne peut qu'irriter Celmas et provoquer sa raillerie. Un soir à Montmartre, il patiente à la sortie des toilettes du restaurant La Cloche d'Or. Poussant la porte et libérant les lieux, il reconnaît alors Tino Rossi, et murmure juste assez haut pour être entendu de la vedette :

– Après vous, ça va être dur !

RALLYE NOCTURNE

Pour beaucoup, le lieu de domicile de Celmas était un mystère. Jean Richard, futur promoteur du cirque Pinder qui œuvrait alors sur la scène des cabarets, tombe une nuit sur Celmas à la sortie du Liberty's, place Blanche. La nuit est bien avancée, Jean Richard lui propose de le raccompagner. Celmas monte dans son véhicule et, plutôt que de donner son adresse, donne à son chauffeur improvisé de vagues indications au fil de la route tout en jacassant à tout va sur des sujets variés. Étourdi par le flot ininterrompu de paroles, le conducteur se perd peu à peu dans un parcours labyrinthique et incohérent à travers la capitale. Il s'efforce alors de reprendre les commandes et d'obtenir des indications plus précises et sensées. Mais le comique hésite, acquiesce puis se reprend à chacune des suggestions de Jean Richard. Après l'avoir épuisé deux heures durant, il affirme finalement avoir oublié où il habite et conclut : « Dépose-moi donc place Blanche, au bar du Palmier. » Soit à vingt mètres du Liberty's.

Alfred Hitchcock (1899-1980)

S'il abhorrait les solennelles remises de décorations présentées sur un coussin de velours, Alfred Hitchcock raffolait de la version péteurs desdits coussins. Il était allé jusqu'à dissimuler son accessoire favori à l'intérieur du divan de son salon. Il invitait à s'asseoir à cette place piégée ses invités intimidés ou aux bonnes manières affectées. Lorsque la flatulence malséante retentissait, le metteur en scène ne manquait pas de fusiller du regard sa victime. Le grand Hitchcock avait le goût de la farce, parfois triviale, et son cinéma n'en est pas dépourvu. Il fut le premier réalisateur à faire de brèves et facétieuses apparitions dans ses films, ses « caméos » devenant l'une de ses marques de fabrique. Il se plaisait à jouer d'ordinaires individus plongés dans des intrigues implacables et glaçantes. Pour le réalisateur, l'angoisse devait s'accompagner d'humour, un mélange au savant dosage qui nourrissait sa jubilation et celle du spectateur.

Hitch, de son diminutif affectueux, donnait cours à ses fantaisies les plus personnelles dans ses scénarios, mais aussi sur les plateaux. Sur le tournage de *L'homme qui en savait trop* (1934) lorsque Peter Lorre se plaignit de l'état d'usure de son costume, Hitchcock lui en fit envoyer un autre sur-le-champ, magnifiquement taillé dans le même tissu, mais à la taille d'un bébé. Parmi les facéties mémorables d'Alfred, il fit livrer à l'acteur de théâtre sir Gerald du Maurier un imposant cheval de trait dans sa loge exiguë du St James Theatre. Mais ses plaisanteries pouvaient parfois confiner à la cruauté. C'était pour lui une manière d'éprouver les êtres psychologiquement, de tester les limites de leur résistance. Il était ainsi capable d'enfermer longuement une actrice, souffrant de pyrophobie (peur du feu), dans une cabine téléphonique remplie de fumée. D'un goût plus douteux encore, il remit un jour à la toute jeune Melanie Griffith un cercueil miniature renfermant une effigie de sa mère, l'actrice Tippi Hedren qui fut sa muse le temps de deux films, *Les Oiseaux* (1963) et *Pas de printemps pour Marnie* (1964) avant que l'actrice ne mette fin à leur relation. Il eut aussi l'idée saugrenue, si ce n'est malvenue, d'offrir pour Noël des meubles surdimensionnés à plusieurs membres de son équipe qui vivaient dans de petits logements. Une de ses vedettes féminines recevra à son domicile quatre cents harengs aux exhalaisons fétides en guise de cadeau d'anniversaire. N'épargnant pas ses proches en société, Alfred Hitchcock s'amusait à présenter son épouse comme sa mère ! Comme ses scénarios, les canulars hitchcockiens furent aussi d'étonnantes machines de précision. Pour le plaisir d'un seul et unique spectateur : lui-même.

LES MENOTTES

« Ce qui m'intéresse dans les menottes, c'est leur côté intensément dramatique, avait confessé le metteur en scène dans une interview, l'idée d'avoir les mains liées fait naître une terreur toute spéciale. » Une fascination compréhensible pour ce petit-fils de *policeman* !

Vers la fin des années 1920, Hitchcock exécute l'une de ses plaisanteries les plus cruelles dans les studios d'Elstree, situés au nord de Londres dans le comté de Hertfordshire. Durant un tournage ennuyeux, il prend pour tête de Turc un jeune accessoiriste un peu dandy qui affectionne les costumes de bonne coupe, les chemises sur mesure et les gilets en cachemire. Exaspéré par une remarque du technicien prétendant que le studio serait hanté, Alfred Hitchcock lui lance un pari : « Je vous double votre semaine de salaire si vous passez ici une nuit entière, menotté à ce pied de caméra ! » Le jeune homme relève le défi. Le réalisateur lui passe lui-même les menottes et empoche la clé. Avant de l'abandonner dans le studio désert, bientôt plongé dans le noir, Hitch lui propose un grand verre de cognac millésimé pour « calmer les nerfs » et l'aider à trouver le sommeil. Touché par la sollicitude du cinéaste, l'homme enchaîné boit jusqu'à la dernière goutte le doux nectar sans rien sentir d'un arrière-goût curieux qu'aurait pu donner l'adjonction d'un fort laxatif. Le lendemain matin, on découvrit le malheureux accessoiriste dans une triste posture d'infamie révélant le tour tragique que prend parfois la condition humaine.

D'AUTRES MENOTTES

En 1935, dans les mêmes studios, a lieu le premier jour du tournage des *39 Marches*. Le régisseur de plateau Dickie Beville craint la séquence que l'on doit tourner ce jour-là. Les deux héros, incarnés par Robert Donat et Madeleine Carroll, attachés l'un à l'autre par des menottes, doivent tromper la vigilance de leurs geôliers et s'enfuir à travers la campagne écossaise. Une scène délicate demandant de la coordination et une bonne entente entre les deux protagonistes qui ne se connaissent pas.

À 8 h 30, Hitchcock présente ses deux vedettes l'une à l'autre, leur donne de rapides instructions et leur passe personnellement les menottes aux poignets. Après quelques scènes de répétition pour entraîner les deux fugitifs à franchir la passerelle en bois et les clôtures factices érigées sur le plateau, Hitchcock fut appelé ailleurs pour un problème technique. Au moment de s'éclipser, il prescrit aux acteurs un peu de repos avant d'avouer avoir malencontreusement égaré la clé des menottes. Robert Donat et Madeleine Carroll demeurent ainsi attachés en compagnie de la soixantaine de moutons spécialement importés d'Écosse qui broutent tranquillement les pieds de fougères et de bruyères parsemés sur le décor.

Le metteur en scène ne réapparaît qu'à la fin de l'après-midi. Les traits tirés, les vêtements dépenaillés, les deux comédiens menottés font peine à voir à la fin de cette journée sous contrainte. La clé est « miraculeusement » retrouvée. Elle avait en fait été confiée à la garde d'un concierge des studios. Hitchcock seul rit de ce qu'il juge comme un bon tour alors que l'équipe de tournage est choquée de découvrir qu'il a tout manigancé, ce qui ne fait que décupler le plaisir du réalisateur. Il va même jusqu'à questionner avec insistance les témoins afin de savoir comment les deux malheureux se sont débrouillés pour satisfaire leurs besoins naturels.

ON N'APPREND PAS AU VIEUX SINGE À FAIRE LA GRIMACE

Le tournage des *39 Marches* est l'occasion d'un nouveau tour du mauvais plaisant et c'est cette fois le régisseur Dickie Beville qui en fait les frais. Il faut dire que le jeune homme a tout pour exaspérer Alfred Hitchcock : beau, charmant et marié à une femme ravissante. Bien que piqué d'une pointe de jalousie, le réalisateur prend l'habitude de raccompagner le jeune homme qui habite comme lui dans le centre de Londres. À moins qu'il ne s'agisse que d'un stratagème pour gagner sa confiance…

Un vendredi soir, alors qu'ils se trouvent comme à leur habitude tous deux dans la voiture du cinéaste, Hitchcock bifurque sans prévenir dans une direction opposée. Le régisseur qui doit retrouver sa femme au théâtre s'inquiète.

– Mais où m'emmenez-vous ? proteste-t-il, réplique semblant tirée d'un film de série B.

– Ne vous en faites pas, vous arriverez à l'heure, rassure tranquillement Hitchcock avant d'orienter la conversation sur le plan de travail de la semaine à venir.

Mais la nuit tombe et le véhicule poursuit sa route en dépit des protestations et demandes d'explications du malheureux passager. Et ils arrivent finalement à la maison de campagne du maître du suspense, à Shamley Green dans le Surrey. Piégé et dépité, le pauvre régisseur se voit contraint d'accepter l'hospitalité imposée. D'autant qu'une telle invitation est à prendre comme un suprême honneur pour un simple employé des studios !

Décidé à se venger de ce kidnapping et de tant d'autres humiliations subies par l'équipe de tournage, Dickie Beville met en place un stratagème pour prendre sa revanche sur le vieux singe. A-t-il eu vent de la mésaventure du jeune accessoiriste survenue quelques années plus tôt ? C'est bien possible, le monde du cinéma anglo-saxon est tout petit et son plan a tout du principe éprouvé de l'arroseur arrosé. Dickie offre au maître, en remerciements pour l'avoir reconduit tant de fois, une excellente bouteille de cognac millésimé, additionné d'un puissant laxatif. Un accessoiriste – le même ? ou esprit de corporation oblige – l'a secondé pour reconstituer le cachet de cire et rendre invisible la manipulation. Les jours passent et Dickie brûle de savoir si son plan s'est déroulé comme prévu. Il demande donc au réalisateur s'il a eu l'occasion de déguster le précieux digestif.

– Non, répondit Hitchcock en prenant une mine lugubre, j'hésitais à vous en parler, mais ma mère est tombée malade le mois dernier et le docteur lui a recommandé de prendre de l'eau-de-vie comme fortifiant. Nous lui avons donc fait boire votre cognac. Mais malheureusement, ça n'a rien arrangé du tout, son état a beaucoup empiré… elle est mourante.

En proie à d'affreux remords, Dickie fait porter un imposant bouquet de fleurs au domicile de la moribonde. La rayonnante Mrs Hitchcock, grandement touchée par cette généreuse attention dont elle ne saisit cependant pas bien le motif, lui fait parvenir un gentil mot de remerciement.

L'ART DE RECEVOIR

Hitchcock a souvent déclaré qu'il n'aimait pas beaucoup recevoir. Et pourtant – ou justement ! – c'est sur ce versant mondain qu'il s'est montré le plus inventif. En 1928, il convie son équipe dans un restaurant du West End de Londres pour célébrer la fin du tournage de *The Farmer's Wife*. La bonne quarantaine de techniciens et de comédiens se serre, se tasse et se compresse dans le salon le plus exigu de l'établissement, une salle habituellement prévue pour une dizaine de couverts. Pour alourdir encore le climat déjà suffocant de la soirée, le réalisateur a engagé des élèves d'une école de théâtre au titre de serveurs. Ces derniers ont pour consigne de rudoyer les convives en renversant les saucières et la moitié du vin à côté des verres, et de se montrer systématiquement grossiers.

Quelques années plus tard, alors qu'il a émigré aux États-Unis pour produire ses films à Hollywood, il organise un singulier dîner dans sa propriété de Bel Air. Il loue pour l'occasion quarante-cinq pupitres individuels et autant de chaises qu'il dispose en cercle dans une pièce de sa villa. Le farceur dépose sur chaque table des cartes nominatives dont aucune ne correspond à ses invités. Face au spectacle du ballet incessant et tournoyant de ses convives, Hitchcock jubile.

DÎNER EN BLEU

Fils d'épicier grossiste en volailles, fruits et légumes, le jeune Alfred développe durant son enfance difficile une relation conflictuelle avec la nourriture. Situation qui le conduit à quelques extravagances, comme inverser l'ordre des plats servis à ses invités. Il s'interroge aussi sur l'absence d'aliments de couleur bleue, teinte qui lui est chère. Il ambitionne ainsi longtemps de créer un repas exclusivement composé de mets bleus. Il réalise semble-t-il pour la première fois son dessein d'inspiration douteuse au début des années 1930. Avec l'aide d'un ami, propriétaire du Trocadéro, un des restaurants les plus réputés de Londres, il organise un dîner en l'honneur de la chanteuse Gertrude Lawrence, grande star de

Broadway. Il reçoit, dans un charmant salon privé à l'étage, les acteurs et actrices de *Lord Camber's Ladies*, seul film qu'il ait produit sans le réaliser. Outre Gertrude Lawrence, cette adaptation d'une pièce de théâtre présente à l'écran Benita Hume, Nigel Bruce et sir Gerald du Maurier, le père de la romancière Daphné du Maurier dont plusieurs œuvres comme *Rebecca* ou *Les Oiseaux* seront portées à l'écran par Hitchcock. Inspiré par son démon des farces et attrapes, Alfred Hitchcock ouvre les festivités à sa façon : il a dissimulé un coussin péteur sur la place attribuée à Gertrude Lawrence. C'est dans un silence gêné suite à la ventosité malvenue que la soirée débute. Le maître de cérémonie, lui, s'amuse déjà. Puis c'est la stupéfaction à l'arrivée de l'entrée, allant crescendo à chaque mets qui se succède en un monochrome de déclinaisons azur. La truite, le poulet, les pêches ou la glace, tous les plats sont bleus, jusqu'aux petits pains bruns qui ne révèlent leur mie bleutée qu'une fois rompus. Le silence qui s'est établi au son incongru émis du siège de l'invitée d'honneur s'étire jusqu'à l'embarras. Le repas gastronomique, préparé avec soin par le chef réputé du restaurant, ne semble guère au goût des invités. Bien que dénuée de goût, la teinture bleue leur coupe l'appétit. Aucune assiette n'est terminée. Les visages de ses hôtes ayant virés de la couleur qui préside à cette soirée, Hitchcock, lui, se régale.

Hitchcock apprécia tant ce canular qu'il le reproduit au moins une fois, à Noël 1964. C'est à son domicile de Los Angeles, en compagnie de son épouse Alma, que se tiennent ces nouvelles agapes. On compte autour de la table Cary Grant et sa quatrième épouse Dyan Cannon qui en fera le récit dans ses mémoires. Grant a pour habitude de décliner poliment les invitations aux fêtes de fin d'année. Mais la réputation d'inventif plaisantin du cinéaste pique sa curiosité, il veut voir de quoi il retourne. L'acteur met en garde sa compagne : elle a tout intérêt à se préparer, tout peut arriver au cours de cette soirée. À leurs côtés, se trouve James Stewart, l'acteur de *Fenêtre sur cour* (1954) et de *L'homme qui en savait trop* (1956). C'est d'ailleurs lui qui inaugure bruyamment la soirée en s'asseyant sur l'instrument préféré du réalisateur. Puis des cocktails bleus sont servis.

Le souci du détail est cette fois poussé à son

paroxysme et le monochrome a gagné toute la table : même les fleurs, la vaisselle et les couverts sont assortis. Les petits pains, les pommes de terre et les brocolis d'un bleu turquoise subjuguent Dyan Cannon et Cary Grant. Rompant un silence dubitatif, le maître de maison s'adresse à son acteur favori.

– Cary, voudriez-vous bien bénir ce repas ?

L'acteur croise les mains, dirige son regard vers le ciel et déclare :

– Seigneur, je vous implore de châtier notre ami Alfred dans la démesure de votre pouvoir tout-puissant, mais épargnez sa chère épouse Alma qui a tenté si ardemment de rectifier la teneur de ce repas malgré l'imposition tyrannique d'un *final cut.*

– Penses-tu que ce soit sain ? chuchote Dyan à l'oreille son époux.

– La couleur est peut-être rebutante, mais je suis sûr que c'est excellent, lui murmure un Cary Grant confiant.

L'acteur s'était montré un peu trop optimiste. Mal en point, lui et son épouse multiplièrent toute la nuit les allers-retours entre leur lit et la salle de bains…

Malgré les relances du maître du suspense,

Carry Grant n'acceptera jamais d'autre film dirigé par Hitchcock.

LES AVEUX

Un jeune acteur américain rend visite à Alfred Hitchcock dans sa suite du dernier étage de l'hôtel St. Regis à New York. Ils prennent l'ascenseur ensemble pour rejoindre le bar tout en bavardant autour d'un projet de film. À l'étage inférieur, deux vieilles dames distinguées montent dans l'ascenseur et tournent le dos aux deux hommes. Brusquement, le cinéaste change de ton. Sa voix tremblante prend des accents mélodramatiques alors qu'il s'adresse à son compagnon :

–Vous savez aussi bien que moi que je devais lui tirer dessus. Je n'avais pas le choix. Je ne crois pas l'avoir tué… j'ai tiré quatre coups dans les jambes.

Les deux dames se raidissent, puis se décomposent.

– Bien sûr, poursuivit le cinéaste, j'ai dû le laisser baignant dans son sang. Et tout l'hôtel a dû entendre les coups de feu ! Il faut me donner un coup de main : appelez-moi d'urgence un taxi à l'angle de la rue.

L'ascenseur parvient au rez-de-chaussée, et les portes s'ouvrent sur les visages glacés d'horreur des deux femmes. Hitchcock les observe avec délectation se précipiter vers la sortie, chancelantes, afin de mettre le plus de distance possible entre elles et cet homme funeste. Tout à leur fuite vers la sécurité de la rue passante, elles ne prennent pas même la peine d'informer le personnel qu'un meurtre vient d'être commis dans l'établissement et que l'assassin va s'enfuir.

Piéral (1923-2003)

Après ses débuts de bouffon de cour sautillant dans *Les Visiteurs du soir* de Marcel Carné en 1942, ce protégé de Jean Cocteau sera révélé dans *L'Éternel Retour* (1943) de Jean Delannoy où il campe un personnage d'une étonnante perversité. Le célèbre acteur de 1,23 m incarnera souvent des rôles de troisième couteau et de comparse inquiétant mais non dénué de poésie, versant même dans le surréalisme comme chez Luis Buñuel. Mais en société, Piéral se montrait beaucoup plus sympathique et jovial que dans ses films. Bien que parfois plus cru...

UNE ENVIE PRESSANTE

Ce canular élaboré par ce bon vivant de Piéral relève indéniablement du registre « douteux ». Dans son livre de mémoires caustiques intitulé *Vu d'en bas*[1], le plus célèbre acteur de petite taille du cinéma

1. Piéral, *Vu d'en bas*, Robert Laffont, 1976.

français évoque avec une étonnante sincérité les avantages que sa singularité physique lui procurait et ses foisonnantes aventures charnelles. Sa réputation de Don Juan, non usurpée, s'appuyait notamment sur les avantages visibles d'une anatomie licencieuse de gabarit inversement proportionnel au reste de sa personne. Particularité physique qui lui vaudra le surnom anatomique : la « théière ». Piéral rapporte dans son ouvrage de souvenirs un épisode, dont il s'avoue peu fier, reposant sur ses attributs extraordinaires. Il se défend cependant : contrairement à une exagération répandue par le journaliste Philippe Bouvard, l'histoire ne s'est produite qu'une seule et unique fois.

Un début de soirée à Paris, Piéral sort d'un bistrot de la rue Férou en compagnie de quelques amis légèrement éméchés, dont le futur académicien Michel Déon. Ces derniers se piquent de l'idée de mettre le comédien au défi : jouer le rôle d'un garçonnet larmoyant qui simule une envie pressante et implore le secours d'une personne adulte.

À cette heure entre ombre et lumière, où tous les chats tendent à devenir gris et les petites personnes des enfants, Piéral prend place dans le recoin d'une sombre porte cochère, cachant son visage au mieux et se rétrécissant encore autant que possible. Il fait ensuite preuve de tout son merveilleux talent d'acteur en incarnant avec un troublant réalisme les pleurs d'un enfant. « Ces messieurs et moi avions espéré quelque charmante enfant », précise l'artiste dans ses confessions. À défaut d'une ravissante jeune femme, c'est une honorable paroissienne de l'église de Saint-Sulpice qui passe. Mieux encore pour l'effet comique ! Témoin de la détresse du chérubin, elle s'arrête et se penche pour lui demander ce qui lui arrive. Le marmot lui murmure en reniflant, faussement gêné :

– Je ne peux pas…

Apitoyée et complaisante, elle s'offre à l'aider et déboutonne son pantalon d'un geste maternel… pour découvrir des parties n'ayant rien d'enfantines ni chastes. Horrifiée, la prude puritaine s'écrie au scandale comme si elle avait rencontré le diable en personne.

Francis Blanche (1921-1974)

« Je suis né pendant la paix 18-39 », avait coutume de dire l'acteur et humoriste Francis Blanche. Natif de Paris, cet élève brillant et plus jeune bachelier de sa promotion a aussi exaspéré ses professeurs par ses blagues à répétition. Une filmographie abondante et inégale a fait de lui un célèbre second rôle du cinéma français des années 1950 et 1960. Sa flamboyante expressivité de faux-cul a illuminé ses compositions comme celle du commandant nazi dans *Babette s'en va-t-en guerre* (1959), auprès de Brigitte Bardot, ou du notaire véreux dans *Les Tontons flingueurs* (1963). On doit également à ce faux dilettante les dialogues de *La Grande Bouffe* (1973) de Marco Ferreri, des centaines de chansons, notamment pour Édith Piaf et Charles Trenet, ainsi que d'innombrables canulars téléphoniques dont il fut le pionnier en France. Francis Blanche a aussi longtemps formé, sur scène et sur les ondes, un duo comique très populaire avec son ami Pierre Dac. Si des sketches comme celui du mage Sâr Rabindranath Duval, daté de 1957, ont mal vieilli, ses farces quotidiennes conservent une revigorante fraîcheur. Un exercice dans lequel il pouvait se montrer redoutable pour ses amis. Un dimanche matin, il lui prit ainsi l'idée de donner, en direct d'une station à forte audience, le numéro de téléphone d'un médecin promis à la plus grande renommée : il aurait inventé un remède miracle contre le hoquet. Immédiatement, et jour et nuit durant plusieurs semaines, les appels affluèrent... au domicile de l'acteur Jean Carmet, victime du plaisantin.

L'esprit railleur de Francis Blanche n'épargnait pas non plus les autorités. Se voyant frappé d'un important redressement fiscal, il décida d'appliquer son droit à régler sa dette en mains propres et en monnaies sonnantes et trébuchantes. Ce sont ainsi d'énormes sacs de pièces de centimes qu'il porta au percepteur qui ne pouvait refuser ce paiement et se vit astreint à un long et fastidieux décompte. Autre fait d'armes, souhaitant décorer son appartement, Francis Blanche se déguisa en employé municipal et déroba dans la plus grande décontraction la plaque indiquant la place Blanche, proche du célèbre Moulin-Rouge dans le 9e arrondissement de Paris. Ce trophée échoua au mur de ses toilettes. Au volant, il ne perdait jamais son sens de la provocation. Peinant un jour à trouver une place où se garer, l'acteur, reconnu par un planton en faction, entra tout naturellement dans la cour du Palais de l'Élysée pour s'y stationner.

Une autre fois, non loin de là, il laissa simplement sa voiture sur la plus belle avenue du monde, s'assurant que personne n'oserait l'embarquer en y posant une pancarte « Danger, explosifs ! ». À son retour, les forces de l'ordre l'attendaient de pied ferme. Mais sans se démonter, il extirpa dans un geste de bravade une poignée de pétards de sa boîte à gants. Disparu à l'âge de 52 ans après une crise cardiaque, sa vie de labeur au service de la farce justifie l'épitaphe qui figure sur sa tombe au cimetière de Èze Village : « Laissez-moi dormir, j'étais fait pour ça. »

LE CRÉNEAU DE STATIONNEMENT

Dans les années 1960, devant l'école des Beaux-Arts à Paris, vers midi, à l'heure où les étudiants sortent de cours, Francis Blanche apparaît, paradant au volant d'une gigantesque Cadillac décapotable. À ses côtés, se tient son ami Jean Carmet. Les deux compères remarquent une petite place entre deux Renault 4 CV décrépites. Plein d'assurance et le compas dans l'œil, Francis Blanche entreprend un audacieux créneau. Il débute la manœuvre avec précaution, puis, tout à coup, recule brutalement son tank de luxe et percute avec fracas la 4 CV arrière. Un attroupement ne manque pas de se former autour de la scène. Jean Carmet sort de la voiture, avise le tacot endommagé et lance :

– Tu peux y aller Francis, ce n'est qu'une bagnole de prolo !

Puis vient le moment de redresser le vaisseau amiral en passant la marche avant. Et c'est le tour de l'autre tacot de se faire emboutir. À coups de freins grinçants et d'accélérateur rageur, la manœuvre tourne au massacre et le paquebot américain se fait une place dans un tonnerre de tôles froissées. Face aux badauds indignés assemblés sur le trottoir, Jean Carmet ne perd pas son flegme et surenchérit :

– Voitures de minable, véhicules de pauvre, médiocrité…

Les étudiants outrés par ce mépris de classe montrent les poings et agonisent d'injures ce « salaud de riche » en menaçant d'appeler la police. De fait, une camionnette des forces de l'ordre ne tarde pas à arriver sur les lieux du scandale. Les agents s'interposent et réclament au conducteur les papiers de son véhicule. Francis Blanche s'exécute et sort son permis de conduire, la carte grise de la Cadillac, ainsi que les cartes grises des deux 4 CV réduites à l'état d'amas de ferraille. Et de s'offusquer devant les représentants de l'ordre :

– Eh bien quoi, on n'a plus le droit de casser ses propres affaires ?

Pour son canular, l'acteur avait fait spécialement l'acquisition de ces deux épaves placées par des compères avant son arrivée. Ils reviendront avec deux dépanneuses pour embarquer les tas de tôle. Pendant ce temps, beau joueur, Francis Blanche invite les étudiants dans le bistrot d'en face pour une tournée générale.

Alan Abel (1924-2018)

« Nous sommes piétinés chaque jour, la pression monte et pour la laisser sortir, plusieurs options s'offrent à vous : crime, drogue, alcool, élection au Sénat, bowling, cinéma. La mienne est le canular. » Ainsi Alan Abel – sans nul doute le plus grand « hoaxer » de l'histoire des États-Unis – résume-t-il l'œuvre de sa vie. Batteur de jazz raté et comique de stand-up à la peine reconverti en producteur de flops théâtraux, il a découvert sa véritable vocation à la fin des années 1950 avec son premier canular majeur – choisi pour ce livre –, la « Société pour l'indécence des animaux nus ». Ses nombreuses impostures visaient à éprouver la crédulité du peuple américain et des médias. Les planifications complexes de ses supercheries, comme l'embauche d'acteurs et l'organisation de spectaculaires conférences de presse, ont piégé des générations de journalistes formés dans les meilleures écoles.

Tout au long de sa carrière, Alan Abel s'est associé à son épouse Jeanne. Cette dernière interprétera Yetta Bronstein, fausse candidate à la présidentielle et mère de famille du Bronx dont le programme proposait d'élever le bingo au rang de sport national et d'imprimer une photo de Jane Fonda nue sur des timbres-poste. Son slogan : « Votez pour Yetta et les choses iront mieux ! » Les Abel vont également lancer des Jeux olympiques du sexe, où des couples de différents pays sont censés s'affronter dans des épreuves de prouesses sexuelles (« International Sex Bowl »), un orchestre du Ku Klux Klan (« KKK Symphony Orchestra »), un quatuor à cordes féminin jouant seins nus afin de se sentir plus proche de Bach (« Topless String Quartet »), une école pour mendiants professionnels (« Omar's School »), ou une compagnie maritime permettant aux participants suicidaires de sauter dans l'océan après trois jours de fête (« Euthanasia Cruises, Ltd »).

Parmi les derniers canulars, il y aura cette campagne pour interdire l'allaitement maternel, jugé incestueux entre la mère et l'enfant. Et l'ultime imposture fortement médiatisée est ce mouvement d'indignation contre le voyeurisme pervers des ornithologues amateurs qui recourent à leur passe-temps en guise de gratification sexuelle (« Stop Bird View »). Un autre exploit d'Alan Abel est d'être parvenu, à l'aide d'une douzaine de complices, à faire publier sa propre nécrologie dans le *New York Times* en 1980 alors qu'il était en pleine santé. À sa mort véritable en 2018, à l'âge vénérable de 94 ans, le journaliste du grand quotidien new-yorkais chargé d'annoncer sa disparition fera montre d'une prudence consommée en spécifiant que l'extraordinaire *hoaxer* serait, selon une source crédible, « apparemment décédé ».

CAMPAGNE CONTRE L'INDÉCENCE ANIMALE

Un jour d'automne 1955, sur une route poussiéreuse du Texas, alors qu'un troupeau traverse nonchalamment la voie et bloque la circulation, un taureau a l'impudeur de s'accoupler avec une vache devant Alan Abel et une file d'automobilistes stupéfaits. Les spectateurs malgré eux de cette scène de possession bestiale détournent la tête, gênés, s'efforcent de donner le change, l'air de ne rien remarquer, ou, pour les plus détendus d'entre eux, s'amusent de la situation. Alan, lui, est pris d'une illumination. Ces bêtes innocentes, prenant le monde pour leur chambre à coucher, ignorent donc tout du péché originel. Il y a là un manquement moral et un potentiel satirique à exploiter dans l'Amérique puritaine des années 1950. Il décide qu'il est de la plus haute nécessité d'habiller ces profanes créatures de Dieu pour sauvegarder des bonnes mœurs et apaiser la colère divine.

Alan Abel fonde donc un mouvement imaginaire chargé d'une valeureuse mission : cacher sous des vêtements la nudité insoutenable de milliards d'animaux à travers le monde. Et de se lancer dans l'un des canulars les plus sophistiqués et durables de l'histoire des États-Unis. Il rédige ainsi une constitution pour la SINA (Society for Indecency to Naked Animals) dont l'article IV stipule : « Il est résolu que les membres de la SINA consacrent leur temps et leur énergie à vêtir tous les animaux nus qui apparaissent en public, à savoir chevaux, vaches, chiens et chats, y compris tout animal qui se tient debout, et mesure plus de 4 pouces de haut ou 6 pouces de long. » Le plaisantin s'arroge le titre de vice-président et engage un acteur au chômage, Buck Henry – futur scénariste du film *Le Lauréat* (1967) – pour jouer dans les médias le rôle du président sous le nom de G. Clifford Prout, Jr. Alan envoie les statuts de l'association et une riche documentation à différents responsables de grands talk-shows télévisés en les avertissant qu'il se tient à leur disposition pour un entretien. Un gros poisson ne tarde pas à mordre à l'hameçon.

Le 27 mai 1959, le faux président Clifford Prout apparaît pour la première fois sur le plateau du « NBC's Today Show ». Sous les projecteurs et le feu des questions du présentateur vedette Dave Garroway, le comédien Buck Henry attaque bille en tête :

– Il y a des animaux nus partout ! Ils sont dans les rues et sur les trottoirs, une honte publique pour nos enfants, mais aussi le long des routes et des autoroutes, provoquant des accidents quand les automobilistes détournent les yeux pour observer des taureaux et des vaches nues.

– Mais alors que préconisez-vous pour nous épargner ces dangers ? interroge l'animateur.

– Notre organisation a recruté les bonnes personnes pour habiller les animaux avec des couvrantes appropriées afin que les zones vitales ne soient plus observées par l'œil humain. Car, ne vous bercez pas d'illusions, tous les animaux ne broutent pas en permanence, mais se considérant comme moralement compromis à cause de leur manque de vêtements, ils baissent la tête de honte !

Pour parer à cette infamie, Clifford Prout prône un style « simple, décent et confortable ». Il prescrit des bermudas aux chevaux, des combinaisons aux chats et suggère des muumuus, ces amples robes d'origine hawaïenne, pour les vaches. Percevant les quelques rires nerveux qui fusent parmi les membres de l'équipe de l'émission, le président Prout hausse la voix et, d'une feinte indignation, martèle :

– En quel honneur les animaux seraient-ils dispensés des foudres de la censure qui s'exercent sur la nudité des hommes et des femmes ?

– Tous les animaux, vraiment ? demande l'animateur circonspect.

– Les animaux qui nagent, volent ou rampent sont exemptés ! fait valoir le président de la SINA.

À la fin de l'émission, malgré les quelques ricanements entendus çà et là, le présentateur de l'émission et sa co-animatrice Barbara Walters semblent parfaitement convaincus de l'authenticité du mouvement.

Afin de rassurer les médias et d'afficher leur sérieux, les responsables de la SINA soutiennent que l'association a été fondée grâce à une dotation de 400 000 dollars : M. Prout Sr, décédé l'année précédente, aurait assigné son fils, par voie testamentaire, à employer son héritage exclusivement à la promotion de la décence et de la moralité animales. L'organisation compterait 55 000 membres dédiés à vêtir nos compagnons de tous poils, ceux de leurs voisins et toutes les bêtes errantes qui rôdent dans les arrière-cours. Ces valeureux défenseurs de la morale parcourent les villes, leurs coffres de voiture chargés d'habits. Rendez-vous compte : les plus aguerris d'entre eux peuvent repérer un animal nu à trente mètres, puis l'habiller en douze secondes chrono ! Mais c'est le président Prout en personne qui détient le record pour avoir attrapé et vêtu un chien en neuf secondes et demie.

Les revendications de cet olibrius clamant haut et fort qu'un « cheval nu est un cheval grossier » seront du pain béni pour les médias à l'affût des controverses susceptibles de cristalliser le fanatisme des maniaques de la morale et des ligues de vertu extrémistes. Soucieux de parfaire le réalisme de sa supercherie, Alan Abel établit pour le mouvement une élégante adresse postale en louant un placard sur la Cinquième Avenue à New York, et obtient un numéro de téléphone *ad hoc* : MOrality 1-1963. Un hymne d'allégeance à la SINA est même écrit et composé pour cette famille universelle d'hommes et de bêtes, décemment vêtue et moralement armée. Quant à la devise du mouvement, écrite par M. Prout Sr, on prétend qu'elle est affichée bien en vue dans la maison de chaque membre, encadrée sur les murs, ciselée au-dessus des cheminées, brodée sur les taies d'oreiller ou armoriée sur les paillassons :

> « La décence aujourd'hui signifie la moralité demain. »

Un élégant matériel visuel à destination de la presse ou pour le décor d'un tournage improvisé est réalisé par un artiste dans le vent. Il dévoile une ménagerie d'un genre particulier rassemblant un cheval en bermuda, un chat en combinaison moulante, une vache en slip monokini ou encore un Scottish terrier en kilt.

Alan Abel se présente de plus en plus souvent en personne aux débats télévisés et interviews de la presse. Il affûte ainsi ses arguments et en vient à affirmer, avec le plus grand aplomb, que la présence d'animaux dénudés au sein du foyer exerce un grand stress sur les enfants, causant de nombreux décrochages scolaires et comportements antisociaux menant à la délinquance juvénile. Ainsi déclare-t-il avec placidité durant l'émission «The Les Crane Show» sur la chaîne ABC :

– Essayez d'expliquer à une fillette de 3 ans pourquoi son chat doit rester nu, vous ne pouvez pas ; elle devient frustrée par l'hypocrisie ambiante et rejoint bientôt un gang engagé dans des combats de rue, des agressions et des vols. Ainsi, plus tôt nous vêtirons ces animaux nus, plus nous aurons de chances d'élever les jeunes pour en faire des citoyens respectables !

Ce soir-là, Alan Abel doit affronter l'actrice Mercedes McCambridge et le comédien Vaughn Meader très en colère contre sa « stupide croisade ». Alan Abel défend la campagne de la SINA avec tant de vigueur que le standard d'ABC-TV est submergé d'appels de téléspectateurs furieux, au point que le présentateur supplie à l'antenne les gens de ne plus téléphoner.

Les réactions du public sont diverses, de l'indignation à l'amusement en passant par l'étonnement, mais presque personne ne rejette l'idée que des milliers de citoyens se soient regroupés et aient dépensé près d'un demi-million de dollars afin d'habiller des animaux nus. Bientôt, des centaines d'appels par jour affluent au local de la SINA et des milliers de lettres inondent la boîte du 507 Fifth Avenue. En seulement deux ans, on dénombre environ 40 000 courriers. Amusé mais aussi dépassé par ce déferlement, Alan Abel est contraint d'en jeter la plus grande partie au vide-ordures, dans l'incinérateur de son appartement ou dans des poubelles de motels. Beaucoup de missives expriment l'incompréhension, voire l'offuscation de leurs auteurs : «Vous ne pouvez tout de même pas attendre d'un éleveur ou même de son épouse qu'ils changent les couches de centaines de têtes de bétail ! » écrit un correspondant irrité. Ou bien : « Et qu'en est-il du chien qui souhaite se rouler dans une flaque d'eau pour se rafraîchir ? » Et encore : «Avec tous nos animaux de compagnie habillés, quel sentiment nous inspirera désormais les écureuils et autres animaux sauvages nus ? » Un autre courrier vindicatif affirme « qu'il n'y a absolument aucun sentiment de gêne dans l'esprit des animaux nus que vous devriez peut-être interroger sur ce sujet. En fait, leurs propres commentaires sur vos idées pourraient bien vous briser le moral ! »

Mais rien n'arrête Alan Abel qui, accompagné de son épouse et du comédien Buck Henry, poursuit une tournée dans tout le pays. Par alternance, le vice-président et le président écument les talk-shows les plus populaires. En 1961, Buck défend l'organisation sur plusieurs radios californiennes, puis à la télévision au « Paul Coates Show ». Étant également chroniqueur pour le *Los Angeles Times*, Coates fait croître la renommée de la SINA dans la Cité des Anges. Mais c'est aussi ce même journaliste aux questions particulièrement acérées qui manque de peu de déstabiliser le comédien :

– L'intitulé de votre association, relève l'interviewer, semble impliquer qu'elle est en fait « pour » une sorte d'indécence des animaux. Cela aurait dû être la « Société *contre* l'indécence des animaux nus », non ?

Pour la première fois, le fictif président Prout a une hésitation avant de répondre :

– Malheureusement mon père était un peu, enfin… pas tout à fait sain d'esprit lorsqu'il a rédigé son testament, et il a utilisé la mauvaise préposition.

Après leur séjour à Los Angeles, le couple Abel s'installe à San Francisco, où les apparitions à la télévision et à la radio se multiplient. Grisé par le succès, le mouvement fictif va se livrer à un coup d'éclat imprévu. Alan Abel est accompagné par un de ses complices, un certain Bruce Spencer, pour une interview menée par George Draper, un reporter de légende du quotidien *San Francisco Chronicle*. Bruce, voulant impressionner la pointure du journalisme, lâche cette sentence :

– Nous pensons que les gens ne devraient pas plus emmener leurs enfants au zoo qu'à un show de strip-tease burlesque !

Piqué au vif par cette brillante saillie, George Draper donne alors rendez-vous aux deux compères au zoo de San Francisco. Ce sera l'occasion pour les défenseurs de la décence animale de tenter d'enfiler un pantalon à un éléphant et une jupe à un rhinocéros. Le reporter publiera un article si enflammé sur les actions chocs de la SINA que son article passera à la une du quotidien, devant l'annonce du premier vol humain dans l'espace de Youri Gagarine !

Le farceur ne cesse d'être surpris par le soin scrupuleux avec lequel les agences de presse et les grands quotidiens comme le *New York Times* ou le *Chicago Tribune* rapportent les activités de l'organisation. Le journaliste lauréat du prix Pulitzer Phil Santora sera même chargé d'écrire un long papier dans le *New York Daily News* qui bénéficie alors du plus grand tirage du pays. Non sans avoir naïvement questionné Buck Henry au téléphone, quelques heures avant l'impression du journal, pour savoir s'il était réellement sérieux à propos de la SINA ! En novembre 1962, le canular prend encore de l'ampleur et se voit consacré par la prestigieuse université de Berkeley qui invite Alan Abel à donner une conférence. Devant un parterre d'étudiants survoltés, il évoque la mémoire du grand-père du président de l'organisation, Otis Prout, qui officia durant la guerre de Sécession. Ce dernier aurait giflé le général Grant pour avoir bu de l'alcool pendant la bataille de Gettysburg. Il aurait aussi retardé de deux heures la charge de Pickett à Cemetery Ridge en essayant de convaincre les officiers de vêtir leurs chevaux ! Puis, à l'aide de graphiques en courbes et de diagrammes en bâtons, Alan Abel tente ensuite de démontrer l'influence mortifère du fléau animalier sur les accidents de la route :

– Un type qui roule tranquillement, explicite-t-il avec le plus grand sérieux, et aperçoit une vache nue ou un cheval musclé a toutes les chances de se heurter à un arbre ou de finir dans le décor. Ne nous leurrons pas, nous sommes tous des voyeurs en puissance! conclut-il dans l'hilarité générale.

De retour sur la Côte Est, la SINA organise une manifestation devant la Maison-Blanche afin d'inspirer un semblant de dignité au poney de la fille du président des États-Unis. Sous les caméras des reporters, l'épouse d'Alan Abel brandit une pancarte manuscrite qui stipule : « Madame Kennedy : auriez-vous l'obligeance de vêtir le cheval de Caroline ? » Pour le farceur, promouvoir une cause aussi folle ne va pas sans sacrifices personnels. Ses parents sont horrifiés, ses amis embarrassés et certaines de ses relations d'affaires larguent peu à peu les amarres. Mais Alan Abel poursuit impassiblement sa croisade. Les médias ne se lassent pas de ce client en or pour contraster et animer leur plateau d'invités. En mars 1963, notre fanatique de la morale pudibonde est apparu au « Mike Douglas Show » à Cleveland au côté du provocant sex-symbol Jayne Mansfield. Il lui arrive aussi de se retrouver face à une menace plus tangible. Comme au « Irv Kupcinet Show » sur la grande chaîne locale de

Chicago où il est convié au côté du champion poids lourds de boxe anglaise Sonny Liston. Silencieux durant la première heure, son menton appuyé sur son énorme poing massue, le boxeur observe avec scepticisme ce drôle d'oiseau. À la fin de la diatribe d'Alan Abel, Sonny Liston est invité par l'animateur à donner son avis :

– Je n'aime pas vraiment cette obligation d'habiller des animaux de compagnie, dit-il avec une petite moue méprisante, alors que j'ai une famille à nourrir et à vêtir.

Rassemblant son courage, Alan réplique avec effronterie :

– Monsieur Liston, je vous suggère alors de souscrire à notre formule réservée aux familles nécessiteuses pour recevoir des shorts canins gratuits.

KO, le champion resta sans voix.

Le 21 août 1963, lors d'un exposé sur « CBS Evening News », le vice-président soutient au célèbre journaliste Walter Cronkite qu'un programme visant à vêtir les animaux nus contribuerait grandement à soutenir l'économie du pays et résoudrait le problème de main-d'œuvre en fournissant beaucoup d'emplois. Seule ombre au tableau de la soirée, le présentateur vedette de CBS révèle que G. Clifford Prout, Jr, le soi-disant président de la SINA, est en fait Buck Henry, un comédien par ailleurs employé par la chaîne. Mais ce coup de tonnerre ne va nullement entamer la motivation d'Alan Abel qui achève l'émission en chantant l'hymne officiel de la SINA.

L'association continue d'engendrer les soutiens. Comme cette femme de Santa Barbara qui, séduite par la croisade, a voulu faire un don de 40 000 dollars. Alan a poliment décliné, arguant que les statuts de la SINA lui interdisaient de recevoir de l'argent provenant d'une autre source que le legs initial.

Dans les semaines qui suivirent l'émission de CBS, des enquêtes minutieuses de *Newsweek* et de *Time* parviendront enfin à éventer le canular. Comme si les meilleures blagues n'avaient pas de fin, Alan Abel parvient cependant à prolonger la plaisanterie quelques années de plus au moyen du bulletin de l'association envoyé aux fidèles partisans. Durant six ans, de 1959 à 1965, cette loufoquerie aura donc nourri des millions de conversations dans tout le pays. Sans presque jamais éveiller le moindre doute sur l'existence d'une association luttant pour habiller des animaux nus.

Joey Skaggs (1945-)

Serial farceur américain de haut vol, Joseph Virgil Skaggs, alias Joey Skaggs, pourrait être le fils spirituel d'Alan Abel. Son premier canular date de 1968. Constatant l'afflux de curieux dans l'East Village de New York venus observer les hippies comme des bêtes curieuses, Skaggs a l'idée d'organiser pour ces derniers des tours-operators dans les banlieues pavillonnaires. Durant ces visites touristiques en autocar, les beatnicks prenaient en photo les paisibles banlieusards de la *middle class* en train de tondre leur pelouse ou de laver leur voiture.
En 1976, le plaisantin s'est fait connaître par la création fictive d'une maison close pour chiens dont il fit la publicité dans le magazine *Village Voice*. Pour duper les médias et leur prouver que de nombreux maîtres sont prêts à verser cinquante dollars pour voir leur compagnon canidé sexuellement gratifié, il mit en scène « A Night in a Cathouse for Dogs » en réunissant des acteurs et une quinzaine de chiens allant du haut pedigree à la bâtarde de rue. Au mois de juillet de la même année, Joey Skaggs provoqua

un fort émoi chez les amateurs de rock'n'roll et les groupies énamourées en promouvant la première banque du sperme de célébrités. Une institution chargée de mettre en circulation les semences de Mick Jagger, Bob Dylan, John Lennon, Paul McCartney, et même, par-delà le temps et la mort, de Jimmy Hendricks. Ce stakhanoviste de l'imposture médiatique incarna aussi un gourou promouvant une nouvelle thérapie par le rugissement. Il recommandait aux patients de se comporter comme des lions et d'ingurgiter de grandes quantités de viande préalablement jetées au sol. Il alla jusqu'à mettre en scène des transes en groupe qui mystifièrent les équipes de reportage de télévision de plusieurs pays. Mais le canular le plus vivifiant de notre héros fut réalisé dans les rues de New York.

MARCHEZ À DROITE !

En 1984, Joey Skaggs se prend de l'envie saugrenue de dénoncer le comportement discourtois de certains piétons inconsidérés, inconscients, voire carrément hostiles. Il fonde un groupe militant et, nous pouvons le dire, un brin fascisant, intitulé Walk Right !, chargé de faire respecter le code de bonne conduite podologique sur les trottoirs de New York. Son petit escadron de miliciens du macadam à l'allure martiale revêt béret de commando, rangers et sweat-shirt arborant le mot d'ordre du groupe. Ils arpentent les rues, accompagnés d'un gros chien noir de jais, assez costaud pour impressionner mais pas assez agressif pour inquiéter qui que ce soit. Skaggs et ses supplétifs patrouillent ainsi dans les rues en distribuant des tracts et une pétition à signer pour mettre un terme aux agissements barbares et incivilités :

> « En tant que piétons, la plupart d'entre nous ont été indignés par le comportement grossier et offensant que nous rencontrons quotidiennement sur les trottoirs. Nous vivons au milieu d'une rupture grave et dangereuse de l'étiquette, de la décence commune et de la courtoisie envers les autres êtres humains. »

Les tracts distribués réclament de la mairie qu'elle adapte les infrastructures piétonnières en divisant les trottoirs en voies à double sens, lentes et rapides, couloirs de dépassement et allée de lèche-vitrines. Les autorités municipales doivent aussi rendre 66 règles piétonnières légales, contraignantes et exécutoires. Walk Right ! promulgue ainsi :

– Les piétons doivent choisir une voie et y rester, même en tournant.

– Pas d'arrêt (ou de flânerie), excepté dans la voie assignée au lèche-vitrines.

– Pas de gesticulation en marchant.

– Pas de déplacement à plus de deux personnes de front, et en cas d'obésité, marche uniquement en file indienne.

– Ne pas lire en marchant.

– Ne pas manger en marchant.

– Tous les enfants doivent se tenir à un adulte ou à une poussette.

– Les personnes de petite taille ne doivent pas ouvrir de parapluie à moins de le tenir à une hauteur minimale de 1,55 mètre.

– Les piétons doivent éviter le contact visuel ou de marcher avec le sourire.

– Pas d'interpellations stridentes, de huées, de sifflements ou de cris.

– Pas de jogging sans brassière ou slip suspensoir.

– Pas de longues laisses sur les animaux qui doivent se tenir aux pieds du maître.

– Les fumeurs doivent tenir leurs cigarettes près du corps.

– Les personnes portant des vêtements brillants ou de couleurs vives doivent uniquement emprunter la voie rapide.

– Ne pas porter de lunettes de soleil noires la nuit.

– Ne pas se tenir en position assise sur le perron de quelqu'un d'autre.

– Les touristes doivent emprunter la voie lente et modérer la contemplation dans les virages et les intersections.

– Les piétons doivent regarder où ils vont en marchant.

La milice espère trouver un allié dans les forces de l'ordre pour imposer des sanctions aux contrevenants. Elle escompte ainsi que les piétons qui enfreignent ces règles de bon sens et de savoir-vivre se voient condamnés à une amende. Les récidivistes quant à eux se verraient contraints de participer à un stage de réadaptation consistant en des cours de code piétonnier.

Si les élus locaux refusent de donner suite au farfelu projet urbaniste, les grands médias, plus complaisants, comme CNN et Channel 9 News, relaient le canular au chapitre des informations générales. Ce qui suffirait à notre activiste de la farce pour entériner le succès de son imposture. Mais, en patrouillant dans les rues de New York, la vive adhésion des citadins et le grand nombre de signatures recueillies pour soutenir le mouvement Walk Right ! ne manquent pas de l'étonner.

Mike McGrady (1933-2012)

Diplômé de l'université de Yale et lauréat de la bourse Nieman à Harvard, Mike McGrady fut chroniqueur et reporter de guerre pour le quotidien américain *Newsday*. On lui doit la publication d'un recueil de ses reportages depuis les lignes de front intitulé *A Dove in Vietnam* (1969) et le livre de témoignages *My Life As a Househusband* (1975) pour lequel il a passé un an comme homme au foyer tandis que sa femme devenait le seul soutien financier de la famille. À la fin des années 1960, il a fomenté l'un des très rares canulars littéraires à s'être mué en authentique best-seller.

LE PLUS MAUVAIS ROMAN DU MONDE

La vacuité du best-seller polisson de 1966, commis par Jacqueline Susann et intitulé *La Vallée des poupées,* plonge le journaliste Mike McGrady dans un gouffre d'interrogations. Affligé par la médiocrité contemporaine du paysage littéraire, il projette de publier un livre encore plus mauvais afin de tourner en ridicule les plumitifs poussifs de romans à l'eau de rose. McGrady réunit les talents les plus remarquables parmi ses collègues du journal *Newsday* pour composer à plusieurs mains une œuvre aussi torride que stupide à même d'atteindre le sommet des ventes.

Dix-neuf hommes et cinq femmes s'attellent à la rédaction d'un roman contraint à la plus grande misère de style. Définir l'intrigue est d'une facilité confondante : Gillian Blake, épouse modèle d'un animateur radio de Long Island, décide de se venger de son mari volage en multipliant les relations extraconjugales. À chacun de ces barbouilleurs de pages revient la tâche de rédiger une aventure débridée de cette femme vengeresse. McGrady se rappelle : « Nous étions essentiellement une bande de maris au foyer et ne menions pas de vies glamour et sexy, nous avons simplement laissé libre cours à notre imagination. »

On compte parmi les contributeurs des auteurs confirmés et des journalistes d'envergure dont plusieurs prix Pulitzer qui s'efforcent de contrarier leur talent et précieux savoir-faire rédactionnel. Pour respecter le contrat et atteindre le degré d'insignifiance requis, un journaliste d'investigation s'assomme de bières tandis qu'un autre expédie son chapitre en une demi-heure à l'occasion d'une pause dans la tonte de sa pelouse. Mais en dépit de leurs efforts de médiocrité, certains textes sont encore trop bien écrits. McGrady et ses comparses de ce comité éditorial improvisé à la gloire des textes insignifiants passent à la trappe dix chapitres jugés déficients en platitude pour ne garder que le pire. Puis le tout se voit harmonisé à grand renfort de clichés consternants, phrases incomplètes, données triviales, émotions disproportionnées, carences de point de vue, incongruités synonymiques, lourdeurs énonciatives, descriptions insipides, personnages lourdement sexualisés, portraits arbitraires, métaphores mielleuses au fil d'une narration éclatée dans un ordre totalement aléatoire.

L'héroïne couche avec tous les hommes rencontrés sur son passage : avocat, ex-marine, boxeur, mafieux, décorateur, hippie et même un comptable et un rabbin ! Pour le choix du titre, les tenants du projet ont remarqué que nombre de livres à succès de l'époque comportaient les mots « nu » et « étranger ». Poncifs obligent, l'objet s'intitule *Naked Came the Stranger*. Sa publication est confiée à l'éditeur indépendant à la réputation sulfureuse Lyle Stuart. La photo de couverture est extraite d'un magazine de nudistes hongrois. Quant au collectif d'écrivaillons, il répond au doux nom de Penelope Ashe, présentée au dos du livre comme une « sage femme au foyer de Long Island ». Pour incarner l'auteur, Mike McGrady enrôle sa belle-sœur, Billie Young, qui se rend à une demi-douzaine de shows radio et télé au début de l'été 1969. Si le succès attendu n'est pas au rendez-vous des efforts de niaiseries déployés, les ventes atteignent tout de même le très honorable palier de 20 000 exemplaires. Et les critiques se font prendre au piège. Le *New York Times* publie : « Dans la catégorie fantaisie érotique, celle-ci est digne d'une série C. »

Tandis qu'un rédacteur bon public d'un grand quotidien de Caroline du Nord y voit « [un] livre plein d'esprit et à l'écriture de bon goût qui fait ressortir de nombreux angles nouveaux dans les relations homme-femme ».

Dès le mois d'août 1969, le canular est éventé par un reporter du *Wall Street Journal*. Les auteurs choisissent alors de révéler la supercherie à la télévision au « David Frost Show ». Un rideau s'ouvre sur la vingtaine d'auteurs qui défilent au son d'un orchestre interprétant *A Pretty Girl is Like a Melody*[1]. Le récit de la mystification, relayé dans la presse du monde entier, fait enfin décoller les ventes du livre qui, jusqu'à l'automne, trône en bonne place dans la liste des best-sellers du *New York Times*. Une traduction française voit même le jour sous le titre *L'étrangère est arrivée nue*. Mike McGrady déclarera plus tard qu'il a décliné une offre de 500 000 dollars – plus de 3 millions d'euros actuels – pour donner une suite à son pastiche. Cette aventure lui inspirera néanmoins l'écriture du manuel *Stranger Than Naked or How to Write Dirty Books for Fun and Profit* (1970).

Naked Came the Stranger fera l'objet d'une adaptation pornographique au cinéma sous la houlette du réalisateur Radley Metzger. Sa création échappe alors à Mike McGrady qui se

1. Une jolie fille est comme une mélodie.

trouve dans la position du Docteur Frankenstein. Réimprimé au début des années 2000 par l'éditeur Barricade Books, l'opus de Penelope Ashe se serait finalement vendu, depuis sa sortie, à plus de 400 000 exemplaires. Ce qui ne surprend pas tant McGrady qui déclare : « Mais ce qui m'a toujours inquiété, ce sont les 20 000 personnes qui ont acheté le livre avant que le canular ne soit révélé. »

Mouvement loufoque français (MLF), 1976

Non, ce MLF n'a rien à voir avec le bien plus sérieux Mouvement de libération des femmes créé en 1970. Celui-ci désigne le Mouvement loufoque français. Fondé en 1976 pour perpétuer le goût du canular de l'humoriste Pierre Dac, disparu l'année précédente, il est dirigé par son légataire universel et ayant droit, le journaliste Jacques Pessis. Ce dernier, qui a également ressuscité le journal humoristique *L'Os à moelle*, créé par Pierre Dac en 1938, s'est entouré d'une jeune équipe pour honorer l'esprit farceur du fondateur du parti d'en rire. Dans une veine plus cinglante, l'unique canular fomenté par le MLF va porter un coup perfide au plus célèbre animateur de télévision de son époque.

LE JUBILÉ DE BIG LÉON

Avide d'honneurs et de célébrations, le présentateur vedette de télévision Léon Zitrone ordonne lui-même son jubilé professionnel à l'orée du printemps 1976. Ce monstre sacré du petit écran souhaite ainsi célébrer ses trente années de presse écrite, son quart de siècle de radio et ses vingt ans de télévision. Cette arithmétique personnelle – nous sommes en fait plus proches du demi-jubilé – marque surtout l'apogée d'une tourbillonnante carrière qui l'a vu présenter le journal télévisé, le tiercé, les émissions Intervilles et Jeux sans frontières, les défilés du 14-Juillet ou encore le Tour de France. Véritable expert ès mondanités, on lui doit aussi les commentaires des mariages princiers et des obsèques des grandes personnalités dont Winston Churchill et le général de Gaulle. Ce dernier avoua même un jour : « Léon Zitrone est peut-être plus connu que moi. »

Première star du petit écran français, Zitrone est renommé pour son phrasé grandiloquent et infatué, grêlé d'imparfaits du subjonctif et de commentaires pompiers. Obséquieux avec les puissants, tyrannique avec les faibles, il est réputé dans le métier pour son mauvais caractère et sa très haute opinion de lui-même. À cette belle ribambelle de qualités, s'ajoute une autre qui servira de socle au canular dont il sera victime : sa pingrerie.

Pour se fêter dignement, celui que l'on surnomme Big Léon, en référence à sa corpulence, choisit le Café de la Paix, prestigieux établissement sis au pied de l'hôtel Intercontinental. Sa fille étant l'attachée de presse du lieu, il obtient quelques avantages et ristournes pour sa célébration, qui donnera aussi un coup de projecteur à ce site qui vient de réouvrir ses portes après de longs mois de travaux. L'adresse est hautement symbolique pour Zitrone : c'est là qu'il a donné son premier rendez-vous galant à celle qui devint son épouse. Depuis, le prestigieux restaurant est le lieu de rendez-vous où l'heureux homme aime à susurrer à l'oreille de sa dulcinée « ma douce, mon aimée, mon unique ». Il a adressé à quelque quatre-vingts amis et relations, dont certains importants personnages politiques, un magnifique carton d'invitation les conviant en fin de journée dans son établissement fétiche.

Quel chemin parcouru par ce fils d'un modeste teinturier parisien ayant fui la Russie bolchevique ! Il s'est fait seul depuis ses débuts discrets à la télévision pour laquelle son premier fait d'armes fut le commentaire hésitant d'un reportage consacré aux propriétés mécaniques des aciers spéciaux.

Interrogé par le journaliste star Philippe Bouvard dans *France-Soir* trois jours avant le grand événement, Léon Zitrone n'en revient pas : presque tous ceux auxquels il a envoyé une invitation ont confirmé leur présence. Il commente la chose avec cette ironie mordante qui le caractérise, teintée d'orgueil aristocratique :

– J'ai donc moins d'ennemis que je ne le croyais… à moins qu'il ne se fût agi d'ennemis qui eussent oublié leur rancœur devant la perspective d'un bon souper et l'occasion de banqueter à mes frais !

Ce jeudi 11 mars 1976, en fin d'après-midi, le héros du jour, drapé de toute sa dignité emphatique, arrive tiré à quatre épingles dans son costume croisé de grande taille. Il porte l'une de ses plus spectaculaires cravates en soie, à motifs persans et pochette assortie. Son regard altier aux yeux bleu-vert, derrière ses légendaires lunettes à demi cerclées d'or, balaye avec solennité l'auguste décor. Souhaitant se distinguer et préserver l'apparat de haut standing de sa réception, Léon

Zitrone a fait disposer de petites tables de six afin de disséminer ses invités. Un événement d'une telle ampleur ne pouvant tenir en un seul acte, il a d'abord prévu un cocktail de fin d'après-midi pour ses jeunes confrères, puis un souper un peu plus tard dans un cadre plus traditionnel avec les anciens. Le menu reprend rien moins que les plats de l'inauguration du Café de la Paix en 1862 : saumon grillé et poularde aux truffes Prosper Montagné.

Après quelques civilités d'usage parmi l'assistance, Big Léon sent d'instinct que quelque chose ne tourne pas rond. Il est sporadiquement acclamé et félicité par de petits groupes de personnes qui lui sont inconnues.

– Mais qui sont ces gens ? murmure-t-il à ses quelques proches.

Léon Zitrone ne le sait pas encore, mais il est la victime du premier attentat humoristique du MLF. Les membres de cette discrète société ont reproduit à l'identique le carton d'invitation original – reçu notamment par le journaliste Jacques Pessis, président du groupe – amputé de la mention RSVP et imprimé à 3 000 exemplaires. Les frauduleux duplicatas ont été adressés à la population la plus improbable qu'on puisse convier à un événement mondain : des troupes de cirque, des sociétés d'accordéonistes, les concierges des arrondissements les plus populaires de Paris, une flopée d'originaux puisée dans les listes noires des crochets radiophoniques de RTL, et enfin tous les membres de la faune la plus interlope et suspecte connue de près ou de loin par les farceurs.

En voyant le buffet, prévu pour cent, pillé en quelques minutes, la star du petit écran se décompose. Mais ce n'est que le début des surprises qui l'attendent pour célébrer sa fatuité. Une vénérable dame portant un vieux vison râpé s'approche et lui dit, la voix tremblante d'émotion :

– Oh Monsieur Zitrone, c'est si gentil de m'avoir invitée et de s'être souvenu que je vous ai vendu un billet de loterie en 1955 !

Le masque protocolaire et plein d'urbanité du présentateur tombe aussi rapidement que la situation dégénère. En un rien de temps, la masse grossissante d'intrus malgré eux a razzié les boissons dévolues au cocktail.

Quatre hommes l'encerclent tandis que l'un s'agrippe fermement à son bras en le suppliant :

– Allez Léon, filez-nous le tiercé de dimanche… Allez, soyez sport !

Fait peu connu, Léon Zitrone est une vedette populaire qui déteste la foule et les intrusions intempestives ou familières menaçant sa tranquillité. Pour se débarrasser d'un importun qui l'interpelle dans la rue, l'animateur a l'habitude de décocher un autoritaire : « Je vous interdis de me reconnaître ! » Et si le fâcheux insiste, il enchaîne d'un sentencieux : « Circulez ou je vous raye de la liste de mes téléspectateurs ! » Mais ce soir-là, il se voit débordé par la multitude et la nécessité de préserver son image devant la flopée de reporters avertis par les auteurs du complot. Aux côtés de ses derniers, tout autant de photographes jouent des coudes pour immortaliser l'événement, une trop belle occasion pour les invités de se faire tirer le portrait en compagnie de la vedette pressée de toute part par les demandes et congratulations.

Plus de mille cinq cents personnes ont ainsi envahi l'usuellement très digne Café de la Paix. Face au chaos qui déborde jusque sur le trottoir, les ministres invités restent à la porte. Livide, pris de tics nerveux, clignant fébrilement des paupières et la mâchoire crispée au milieu de cette foule bigarrée réclamant son attention, lui tendant les mains, Léon Zitrone tangue et titube avant même d'avoir pu lever son verre. Il lance cette saillie désespérée pour échapper à l'essaim qui se resserre :

– Je ne me sens pas bien… Est-ce qu'il y a un docteur parmi vous ?

Ruisselant, ses cent vingt kilos en fusion, il erre désespéré comme un mastodonte au bord de l'extinction, les yeux révulsés alors que les bouchons de champagne pétaradent à tout va sous les hourras, exécution festive de son portefeuille. La note a enflé jusqu'à un montant colossal de plusieurs milliers de francs ! Dans cette débâcle, Léon Zitrone ne pourra jamais prononcer le discours fleuve, religieusement préparé pour la circonstance, qui balisait les grandes étapes de sa carrière médiatique. Autour de 20 heures, pour mettre fin à ce débordement et évacuer les lieux, la direction de l'établissement n'a d'autre recours que de prétexter une alerte à la bombe. La multitude se presse alors vers les sorties, laissant derrière elle le géant de la télévision hébété et vaincu au milieu du champ d'honneur désert.

Richard Meltzer (1945-)

Après ses études de philosophie à l'université de Yale, ce pionnier estimé de la critique rock fut l'un des premiers à écrire, entre 1965 et 1968, une véritable analyse de la culture pop à travers son essai *The Aesthetics of Rock*. Journaliste pour les magazines américains *Village Voice* et *Rolling Stone*, on lui doit également la formation d'un groupe punk baptisé VOM (abréviation de *vomit*) et des textes pour le groupe Blue Öyster Cult. Fasciné par les situationnistes, il a également manifesté un goût de la farce que l'on pourrait qualifier, à l'image du courant de rock alternatif né à Seattle, de « grunge ».

COLIS SUSPECTS

Durant des années, pour se distraire de l'écriture de ses brillants articles, Richard Meltzer se livre à une étrange occupation. Elle consiste, dans un premier temps, à mettre sous pli ses déchets ménagers à destination de parfaits inconnus. Il envoie le colis en « port dû », les frais postaux étant à la charge du destinataire s'il souhaite réceptionner le courrier.

C'est un sandwich oublié dans son réfrigérateur et couvert de moisissures qui, le premier, prend la voie postale et ouvre le bal des expéditions. Puis s'ensuivent une boîte de thon ouverte, des bouteilles de jus d'orange Tropicana ou encore de vieilles huîtres (fumées) qui ont pourri pendant plusieurs semaines. Richard Meltzer puise les adresses au petit bonheur dans l'annuaire téléphonique. Le journaliste en arrive à un point où il ne destine presque plus aucun de ses déchets à ses poubelles et leur préfère autant que faire se peut la redistribution hasardeuse par voie postale. Flemme de lessive ou désir de varier les espiègles plaisirs, il en vient même un jour à adresser des sous-vêtements sales. Pour l'acquittement des frais de port, il mise donc sur la curiosité des destinataires, aimant à s'imaginer l'épouse au foyer ouvrant précipitamment le paquet dans l'espoir d'une plaisante surprise : « Que cela peut-il bien être ? »

Comme bien souvent l'habitude produit l'ennui, et il ressent bientôt le besoin de franchir un palier en termes d'horreur postée. Ne reculant face à aucune répugnance pour satisfaire sa manie, il se met à distribuer des cadavres de petits animaux conservés en gelée dans des bocaux. Il part ainsi, comme d'autres vont à la cueillette aux champignons, collecter des oiseaux morts ou des écureuils heurtés par des voitures au hasard de ses escapades. Il découvre entre autres un charnier de pigeons dans un grenier abandonné qui, dernier voyage de ces volatiles émissaires, alimente des semaines de colis. Il arrive aussi, de temps à autre, que des connaissances dans le secret de son violon d'Ingres lui remettent des chatons mort-nés qu'il s'empresse de figer en gelée de citron.

Ses canulars sans public peuvent paraître vains. Il faut croire que c'est en imagination que Meltzer aimait goûter les réactions de ses victimes. Les multiples effets qu'ont pu provoquer ses cadeaux faisandés ont à n'en pas douter alimenté ses fantasques fantasmes.

Il devra cependant, à son grand désespoir, abandonner sa baroque marotte quand la poste instituera un montant minimal d'affranchissement pour l'expéditeur. Ses finances ne pouvaient pas suivre.

William Donaldson (1935-2005)

Héritier d'un magnat du transport maritime de Glasgow, William Donaldson fut un playboy du *Swinging London*, auteur de best-sellers pour lieux d'aisances et fumeur de crack sur le tard. Étudiant à Cambridge, il a soutenu financièrement de jeunes poètes américains venus étudier en Angleterre comme Ted Hughes et Sylvia Plath. Au début des années 1960, il s'inventa producteur théâtral de la troupe Beyond the Fringe, qui a révélé les humoristes britanniques Peter Cook et Dudley Moore. En 1968, Donaldson reçut un héritage substantiel qu'il parvint à dilapider en trois ans de vie dissolue sur l'île d'Ibiza. De retour à Londres, il poursuit son existence chaotique en trouvant refuge chez une ancienne petite amie tenancière d'une maison close, expérience qui lui inspira son premier roman, *Both the Ladies and the Gentlemen* (1975).

À la fin des années 1970, Donaldson se lança dans l'écriture de lettres pleines d'ironie pour se moquer des puissants et des classes supérieures. Pour cette correspondance destinée à d'éminentes personnalités, il se mit dans la peau d'un personnage imaginaire, le dénommé Henry Root. Cet excentrique marchand de poisson à la retraite, volontiers réactionnaire et bas du front, se montrait obnubilé par la restauration de la pendaison en Grande-Bretagne, et « pas seulement pour ceux qui ont commis des meurtres ». Affectionnant les régimes forts, le fictif Henry Root écrivit à l'ambassade sud-africaine pour complimenter son « merveilleux » système d'apartheid. Après avoir encensé la dictature des colonels en Grèce, il couvrit d'éloges le général pakistanais Zia-ul Haq qui venait de faire pendre son Premier ministre à la suite de sa tentative de coup d'État. Le glaçant militaire le remercia par écrit pour ses « points de vue très pertinents » en lui joignant son portrait. William Donaldson, alias Henry Root, avait prétendument réclamé celui-ci pour son épouse en jurant qu'il figurerait en bonne place à côté du « déploré généralissime Franco » dans sa galerie des grands conservateurs internationaux. Mais à l'orée des années 1980, c'est incontestablement Margaret Thatcher, fraîchement nommée Premier ministre de Grande-Bretagne, qui va déchaîner la passion épistolière de notre ex-poissonnier.

LETTRES AUX THATCHER

Henry Root à Margaret Thatcher, le 23 mars 1979

Chère Leader ! Alors, ils ont dit qu'une femme ne pouvait pas y arriver[1] ! Ils oubliaient Jeanne d'Arc, la pucelle d'Orléans ! Elle a surclassé ces Français avec leurs bidets et leurs soi-disant soixante-neuf et vous aussi ! Ne lâchez rien ! [...] Tout au long de la bataille à venir, je vous livrerai mes opinions à bout portant. L'avarice est patriotique ! Voici une livre.

Henry Root à Margaret Thatcher, le 29 mars 1979

Chère Leader ! Vous avez secoué « Sunny Jim[2] » avec un crochet du gauche et maintenant vous devez le balancer sur le dos avec un solide centre du droit. L'ancestral un-deux. C'est un terme de boxe. Demandez à votre mari, Mr. Thatcher, de vous l'expliquer. J'ai lu un article sur lui dans *The*

1. En mars 1979, Margaret Thatcher, à la tête du parti tory, d'opposition, a réussi à faire passer une motion de censure contre le gouvernement.
2. « Sunny Jim », James Callaghan, Premier ministre du Royaume-Uni depuis 1975, membre du parti travailliste. Face à la motion de censure déposée par Thatcher, il annonce le 29 mars 1979 la dissolution du Parlement et la tenue d'élections le 3 mai 1979.

Evening Standard l'autre jour. Il a l'air d'un gentil petit vieux et je pense que nous nous entendrons bien. L'article disait que c'est un homme simple qui croit bon d'appeler un chat un chat. Tout comme moi. [...] Une dernière chose. Mme Root et moi avons récemment formé « Des Gens Ordinaires Contre La Société Pornographique ». Nous nous réunissons une fois par semaine avec certains de nos amis pour discuter de sexe, de drogue, de nudité et de violence. Bien que tous ces sujets vous intéressent, j'imagine que vous serez trop occupée en ce moment pour nous en parler directement. Ne vous inquiétez pas. Nous comprenons. Cependant, une photo dédicacée et un message d'encouragement signifieraient beaucoup pour nos membres.

Richard Ryder à Henry Root, le 4 avril 1979

Cher Monsieur Root, Madame Thatcher m'a demandé de vous remercier pour vos récentes lettres des 23 et 29 mars. Elle m'a chargé de vous dire combien elle est reconnaissante de votre aimable soutien. Comme vous le demandiez, je joins une photo de Mme Thatcher, qu'elle a signée pour vous. Concernant votre demande de message, je crains qu'en raison de la campagne à venir, Mme Thatcher ayant tant de problèmes à gérer, il ne lui soit pas possible d'en écrire un personnellement. Elle espère que vous comprendrez les raisons de cette réticence et m'a demandé de vous transmettre ses meilleurs vœux.

Henry Root à Margaret Thatcher, le 4 mai 1979

Chère Première ministre ! Félicitations[1] ! Nous l'avons fait ! Quelle journée ! C'est gravé dans l'Histoire ! Comme vous l'avez dit en arrivant au n° 10 Downing Street cet après-midi : « Il y a du travail à faire.» C'est droit aux affaires. (Ne vous inquiétez pas ! Il y aura du temps plus tard pour les tâches féminines comme la mesure des nouveaux rideaux !) Formons un cabinet d'hommes intransigeants afin de poursuivre notre priorité numéro 1 : la répression des syndicats, des tire-au-flanc, des contrevenants et des homosexuels. [...] Mon père m'a appris deux choses que je n'ai jamais oubliées. « Retiens ça, mon fils, disait-il, ne crache jamais au visage d'un homme à moins

1. Margaret Thatcher a mené les conservateurs à la victoire le 3 mai 1979, devenant la première femme à diriger le gouvernement d'un pays européen.

que sa moustache ne soit en feu. Et ne fait jamais confiance à un homme qui porte des sous-vêtements mauves à l'heure du thé.» [...] Voici une livre ! Rétablissez la pendaison !

Richard Ryder à Henry Root, le 10 mai 1979

Cher Monsieur Root, la Première ministre m'a chargé de vous remercier vivement pour votre aimable lettre du 4 mai. Le message de félicitations est grandement apprécié et merci beaucoup de nous avoir envoyé une livre supplémentaire pour le fonds de notre parti.

Henry Root à Margaret Thatcher, le 24 juillet 1979

Chère Première ministre ! Doublez la TVA sur les billets de théâtre, c'est mon conseil ! [...] Ne vous méprenez pas, je défendrai toujours le droit des jongleurs et des danseurs de ballet d'exercer leurs activités dans des lieux autorisés. Ce à quoi je m'oppose, cependant, c'est que leurs efforts pour nous amuser soient subventionnés par les contribuables. [...] Il existe de nombreux théâtres dans le West End qui occupent des places rêvées pour la vente de hamburgers et de sodas. Ceux qui ne peuvent pas payer leur tribut devraient être démolis et reconstruits sur des bases commerciales solides. Réduisons les subventions aux arts !

Miss M. G. E. Giles à Henry Root, le 9 août 1979

Cher Monsieur, votre lettre du 24 juillet envoyée à la Première ministre concernant une démonstration d'équité a été transmise au chancelier des Arts du duché de Lancaster. Le chancelier est actuellement en visite officielle à l'étranger, mais je suis convaincue qu'il sera très intéressé de lire vos points de vue, je soumettrai votre lettre à son attention dès son retour.

Henry Root à Richard Ryder, le 30 août 1979

Cher Ryder, l'initiative courageuse de la Première ministre en Ulster la semaine dernière[1] a été

1. En août 1979, lord Mountbatten, proche de la famille royale, et dix-huit parachutistes sont tués par l'IRA provisoire lors de l'embuscade de Warrenpoint, dans le cadre du conflit pour l'indépendance de l'Irlande du Nord. Les relations entre Londres et Dublin sont alors tendues et délicates, et une solution politique paraît à nouveau difficile. C'est dans ce contexte que Margaret Thatcher se rend à Belfast pour voir les blessés et rencontrer les autorités civiles et militaires, notamment les unionistes de l'Ulster, parti politique d'Irlande du Nord conservateur qui défend l'union avec le Royaume-Uni.

une source d'inspiration pour les gens ordinaires à travers tout le pays ! S'il vous plaît, dites-lui ça de ma part. [...] Est-il possible d'obtenir une photo d'elle en *battle-dress* et casque de combat prise au moment précis où, comme à la télévision, le vent de son hélicoptère personnel soulève sa jupe pour révéler un knickerbocker féminin de l'armée de l'air de la Seconde Guerre mondiale porté sous le genou ? Comme ses ennemis ont dû trembler ! Je joins une livre pour couvrir les dépenses.

Richard Ryder à Henry Root, le 7 septembre 1979

Cher monsieur Root, je vous écris pour vous remercier infiniment de votre lettre du 30 août. En réponse à votre demande de photo de la Première ministre, prise alors qu'elle était en Ulster, je crains que nous n'ayons pas le cliché en question et je vous suggère d'écrire directement au journal concerné. Je vous rends la livre que vous avez jointe.

Henry Root à Denis Thatcher le 18 septembre 1979

Cher Thatcher, comme vous le savez, je demeure en contact étroit avec la Première ministre, votre épouse, en la conseillant au cours des derniers mois. C'est une femme très occupée, bien sûr, donc généralement un type nommé Ryder répond, mais il semble être un individu assez éduqué. Quoi qu'il en soit, je me suis rendu compte aujourd'hui qu'elle recevait probablement beaucoup de lettres et que ce serait un agréable changement pour vous d'en trouver une sur votre plateau de petit-déjeuner. [...] Peut-être pourriez-vous me conseiller sur un petit sujet. J'ai envie de rejoindre le Deal Golf Club, dont je suppose que vous êtes membre. [...] Poursuivez votre excellent travail ! Votre épouse, Mme Thatcher, est une leader inspirante et même si vous devez parfois vous lasser de jouer le rôle d'Yvonne auprès de son général de Gaulle, je suis sûr que votre appui est inestimable. Dans l'attente de vos nouvelles, Denis.

Derek Howe à Henry Root, le 5 octobre 1979

Cher Monsieur, Mr Thatcher m'a chargé de répondre à votre lettre du 18 septembre. [...] votre demande concernant l'adhésion potentielle à un club de golf particulier pourrait être adressée de manière plus appropriée aux dirigeants du club.

Henry Root au Secrétariat du Deal Golf Club, le 10 octobre 1979

Cher Monsieur, par la présente, je postule pour devenir membre de votre club sur la recommandation personnelle de Mr. Denis Thatcher. Il me dit que vous avez réussi à dissiper le désagrément impliquant un trésorier homosexuel ayant posé sa main là où elle n'aurait pas dû se trouver et qu'un gentleman peut désormais être affilié publiquement et sans état d'âme à votre cercle. Bien joué ! [...] Ainsi, j'arriverai avec Mme Root et mes deux jeunes, Doreen (20 ans) et Henry Jr. (15 ans), pour une partie avant le déjeuner, le dimanche 28 octobre. Veuillez vous assurer qu'il y aura une place dans votre parking pour ma Rolls Royce HR1 [...]. Thatcher me dit qu'il y a une longue liste d'attente pour rejoindre votre club malgré la publicité malheureuse, afin de vous encourager à faire passer ma candidature en haut de la pile, je joins un billet de cinq livres pour votre usage personnel. Inutile d'en parler au reste du comité, ils vont tous vouloir profiter de l'aubaine pour boire un verre.

Captain C. Taylor à Henry Root, le 22 octobre 1979

Cher Monsieur, [...] Je joins un chèque de 5 £ en échange de l'argent liquide que vous avez envoyé en guise d'incitation afin d'accroître vos chances d'être élu membre du Golf Club. Sachez que notre secrétaire n'a jamais participé et ne participera jamais à ce type d'incitation financière.

Henry Root à Denis Thatcher, le 24 octobre 1979

Oh mon cher, très cher ! J'ai postulé pour devenir membre du Deal Golf Club comme vous me l'aviez suggéré, et j'ai reçu aujourd'hui cette lettre idiote (copie ci-jointe) d'un vieil imbécile me disant qu'il ne peut accepter des incitations financières ! Pourriez-vous parler à cet incapable la prochaine fois que vous y serez ? De toute évidence, le secrétaire n'a pas pris le manche du bon côté et je vais envoyer un mot bien senti aujourd'hui, mais une parole ferme de votre part clarifierait les choses. [...] Cela me rappelle un drôle de truc qui m'est arrivé pendant la guerre. Je devais me rendre en mission diplomatique au Caire et quand je suis arrivé à l'aéroport, j'ai hélé un taxi et lui ai dit : « Emmène-moi à l'ambassade, Abdoul. » Eh bien, ce foutu gars m'a emmené au fond d'une ruelle dans un méchant bouge rempli de filles à moitié nues, fumant des trucs avec des pipes, et de gardes sodomisant tout ce qui bougeait. « Non, non et non, Abdoul, lui ai-je dit. C'est pas l'ambassade britannique, mon gars, mais l'Embassy Night-Club ! »

Henry Root à Margaret Thatcher, le 4 février 1980

Chère Madame Thatcher, en prenant des mesures de représailles contre les Soviétiques impliqués dans la guerre d'Afghanistan, puis-je dire que vous avez tout mon soutien ? [...] Envoyons peut-être Elton John à Moscou, les gazouillis du petit chauve de Weybridge permettraient de couvrir la marmite. [...] Voici une livre ! Utilisez-la pour financer la lutte contre l'aventurisme soviétique !

Richard Ryder à Henry Root, le 30 avril 1980

Cher Monsieur Root, Je vous écris au nom de la Première ministre pour vous remercier de votre récente lettre, accompagnée de la livre ci-jointe que je vous renvoie avec cette réponse. Le contenu de votre courrier a été soigneusement examiné.

Magazine *Spy* (1986-1998)

Fondé par Kurt Andersen et Graydon Carter, *Spy* était un mensuel satirique américain basé à New York. Selon l'écrivain Dave Eggers, *Spy* fut le magazine le plus influent des années 1980. Caustique, satirique et brillant, il était aussi apprécié que redouté pour son irrévérence envers les puissants, les grands médias et l'industrie du spectacle. Le magnat de l'immobilier Donald Trump en fut l'une des cibles récurrentes. En 1987, la nouvelle rubrique « Séparés à la naissance ? » s'imposa rapidement comme un classique : elle présentait une fausse paire de jumeaux, deux personnalités publiques que tout opposait mais qui présentaient de frappantes similitudes physiques. Aimant semer le trouble, la rédaction de *Spy* réussit aussi le tour de force de façonner et distribuer un très réaliste numéro parodique du *New York Times*, farci de fausses nouvelles politiques, en pleine convention démocrate.

L'HOMME QUI VALAIT 13 CENTIMES

Au début de l'année 1990, le mensuel *Spy* se livre à une investigation d'intérêt public peut-être superfétatoire, mais non moins instructive. Elle consiste à identifier les rapiats au sein de la caste de personnalités privilégiées qu'on appelle les *Rich & Famous* et de mesurer l'ampleur de leur avarice. Comme l'écrit l'auteur de l'article, Julius Lowenthal, il n'est cependant pas si aisé d'identifier les véritables pingres, à moins de jeter une pièce de deux pennies par terre à la sortie du prestigieux restaurant Four Seasons et d'attendre de ferrer les multimillionnaires qui s'abaissent à la récupérer. Les fins limiers de *Spy* imaginent alors un stratagème beaucoup plus ingénieux.

Pour cette expérience, une société est créée : The National Refund Clearinghouse Inc. Domiciliée à New York, elle est pourvue de tous les statuts légaux pour ouvrir un compte courant. La partie administrative réglée, les fourbes journalistes adressent un courrier type, sur papier à en-tête de la nouvelle société, à tous les noms les plus les plus en vue de la tapageuse décennie qui vient de s'achever :

> « Cher/chère...,
>
> Nos registres indiquent que vous avez été sur-facturé de 1,11 dollar pour des prestations rendues en 1988 à cause d'une erreur informatique. Veuillez trouver ci-joint un chèque pour couvrir la différence. Nous nous excusons pour tous les inconvénients que cela a pu vous causer.
>
> Cordialement,
>
> Edward Topolansky, account manager. »

Cette lettre accompagnée d'un chèque est adressée à 58 personnalités américaines « bien connues et bien nanties » à leurs adresses personnelles afin de s'assurer que le chèque parvient bien à la personnalité visée et non directement à son comptable. De cette liste, on peut citer les noms de : Woody Allen, Richard Avedon, Candice Bergen, Leonard Bernstein, Cher, Michael Douglas, Faye Dunaway, Mia Farrow, Richard Gere, Dustin Hofman, Adnan Khashoggi, Henry Kissinger, Ralph Lauren, John McEnroe, Rupert Murdoch, Brian de Palma, Christopher Reeve,

Oscar de la Renta, Martin Scorcese, Donald Trump, Raquel Welsh… Il ne reste qu'à surveiller les personnages qui vont faire preuve de suffisamment de radinerie pour avoir l'aplomb d'encaisser ces chèques ridicules au regard de leur train de vie.

Après deux mois, presque la moitié d'entre eux, soit 26 personnes, ont détaché puis déposé ce chèque dérisoire à la banque. Parmi ces épargnants méticuleux, on trouve Cher, Brian de Palma, Donald Trump, Michael Douglas, Adnan Khashoggi, Faye Dunaway, Mia Farrow ou encore Rupert Murdoch. On notera que l'interprète de Superman, Christopher Reeve, a quant à lui, avec élégance et une pointe de raillerie, renvoyé son chèque en entourant d'un cercle le piètre montant. Puis les enquêteurs décident de poursuivre l'expérience sur la trentaine de destinataires qui n'ont pas répondu. Pour cela, ils leur envoient un second remboursement atteignant cette fois la somme mirobolante, ou presque, de 2 dollars. Candice Bergen et Richard Gere se décident alors à l'empocher. Deux de plus tombent dans les filets.

Afin d'affiner leur analyse de l'art de la thésaurisation jusqu'au-boutiste de ces 26 célèbres rupins épinglés au premier coup, l'expert-comptable Edward Topolansky envoie une nouvelle salve, mettant toujours en cause la même erreur informatique, mais abaissée au montant de 0,64 dollar. Dans les deux mois qui suivent, seuls 13 de nos millionnaires épargnants se sont donné la peine de porter le chèque jusqu'à leur banque. Mais quelle est alors la limite à leur mesquinerie ? Les organisateurs du stratagème se décident à un troisième remboursement, faisant cette fois chuter la somme résiduelle à… 0,13 dollar. Cette fois, seuls deux destinataires mordent voracement à l'hameçon. Ces deux finalistes sont le marchand d'armes Adnan Khashoggi et l'homme d'affaires Donald Trump. Comme le titra l'article de *Spy* :

TOUT HOMME A SON PRIX,
DANS CERTAINS CAS, 13 CENTIMES.

Boyd Rice (1956-)

Ce provocateur californien et sulfureux performer de la contre-culture est à l'origine du projet musical intitulé « Non ». Cette violente production bruitiste sera qualifiée par l'auteur lui-même de « torture psychologique » ou d'« attentat sonore ». Boyd Rice s'est fait connaître des services américains en 1976 après avoir tenté d'aller à la rencontre de Betty Ford, l'épouse du 38e président des États-Unis, pour lui offrir une boîte renfermant une tête de mouton écorchée. Mais son magnum opus demeure son usage inventif du téléphone auprès de ses interlocuteurs égarés.

L'ERREUR TÉLÉPHONIQUE

Avec ce très sommaire mais non moins malicieux canular imaginé dans les années 1980, Boyd Rice nous invite à ne jamais gâcher une erreur téléphonique. Ainsi, si en décrochant il apparaît que son interlocuteur a manifestement fait un faux numéro, Rice préfère ne pas le détromper. Si son locuteur demande, par exemple, à parler à un certain Jack, Boyd se garde bien de le corriger. Plutôt que lui enjoindre de vérifier le numéro d'appel, il lui répond :

– Patientez, je vais voir… Qui appelle ?

Après avoir obtenu la réponse, il fait attendre la personne un moment puis reprend le combiné pour asséner, d'un ton sentencieux :

– Je suis désolé, mais Jack ne souhaite pas vous parler. Il est toujours très en colère contre vous et ne veut plus en discuter…

REMERCIEMENTS

En témoignage de ma plus parfaite gratitude à Guy Bechtel, Colette Brosset †, Bertrand Burgalat, Micheline Dax †, Pierre Doris †, Jérémie Elkaïm, Natasha Fraser, Armand Isnard, Olivier Kuntzel, Alain Lahaye, Stéphane Manel, Jacques Pessis, Piéral †, Roger Pierre †, Laurence Rémila, Vanessa Seward et Pierre Tchernia † pour leur témoignage, leurs idées et leur soutien.

Ainsi qu'à Guillaume Allary et Stéphane Desa pour leur mise en lumière.

Et enfin à Stéphane Lerouge, grand maître du canular téléphonique référencé, qui m'a mystifié avec une prétendue tentative de drague de la part de la comédienne Marthe Villalonga.

BIBLIOGRAPHIE

Alan Abel, *The Confessions of a Hoaxer*, Macmillan, 1970

Alan Abel, *Yours for Decency, the Campaign to Clothe Naked Animals*, Elek Books, 1967

Penelope Ashe, *Naked came the stranger,* [1970]. Trad. *L'étrangère est arrivée nue*, J'ai Lu, 1976

Guy Bechtel et Jean-Claude Carrière, *Le Livre des bizarres*, Robert Laffont, 1981

François Caradec et Noël Arnaud, *Encyclopédie des farces et attrapes et des mystifications*, Jean-Jacques Pauvert, 1964

Jean-Pierre Delaune, *D'Alphonse à Allais, ses facéties et mystifications*, Bibliomnibus, 2014

William Donaldson, *The Complete Henry Root Letters,* Akadine, 2001

Martyn Downer, *The Sultan of Zanzibar, the Bizarre World and Spectacular Hoaxes of Horace de Vere Cole*, Black Spring Press, 2011

Jacques Franju, *Le Grand Canular*, Seghers, 1963

Piéral, *Vu d'en bas*, Robert Laffont, 1976

Pranks !, Re/Search Publications, 1988

Harry Allen Smith, *The Compleat Practical Joker*, Doubleday, 1953

Donald Spoto, *La Face cachée d'un génie, la vraie vie d'Alfred Hitchcock*, Albin Michel, 1989

Jonathan Swift, *Œuvres*, Gallimard, « Bibliothèque de la Pléiade », 1965

TABLE DES MATIÈRES

Création graphique de la couverture :
Raphaëlle Faguer

Ouvrage composé en Bembo et Greta Sans
par Dominique Guillaumin

Cet ouvrage a été imprimé sur du papier issu
de forêts gérées de manière responsable.

www.allary-editions.fr

ISBN : 978-2-37073-492-1
Achevé d'imprimer en France par
Normandie Roto Impression s.a.s.
61250 Lonrai

--

N° d'impression : 2401863
Dépôt légal : mai 2024.